高职高专"十二五"规划教材

会计实训系列

新编基础会计实验

（第三版）

秦洪珍　李晓东　编著

立信会计出版社
LIXIN ACCOUNTING PUBLISHING HOUSE

图书在版编目(CIP)数据

新编基础会计实验 / 秦洪珍，李晓东编著. —3 版.
—上海：立信会计出版社，2012. 5
高职高专“十二五”规划教材. 会计实训系列
ISBN 978-7-5429-3443-7

Ⅰ. ①新… Ⅱ. ①秦… ②李… Ⅲ. ①会计学—高等职业教育—教材 Ⅳ. ①F230

中国版本图书馆 CIP 数据核字(2012)第 081178 号

策划编辑 窦瀚修
责任编辑 陈 旻
封面设计 周崇文

新编基础会计实验(第三版)

出版发行	立信会计出版社		
地 址	上海市中山西路 2230 号	邮政编码	200235
电 话	(021)64411389	传 真	(021)64411325
网 址	www. lixinaph. com	电子邮箱	lxaph@sh163. net
网上书店	www. shlx. net	电 话	(021)64411071
经 销	各地新华书店		
印 刷	常熟市梅李印刷有限公司		
开 本	787 毫米×1 092 毫米	1/16	
印 张	10. 25		
字 数	243 千字		
版 次	2012 年 5 月第 3 版		
印 次	2017 年 9 月第 3 次		
印 数	6 201—7 300		
书 号	ISBN 978-7-5429-3443-7/F		
定 价	26. 00 元		

如有印订差错，请与本社联系调换

第三版前言

《新编基础会计实验(第二版)》自2007年8月出版以来,已连续印刷了4次,这说明它继续得到了广大读者的认可。

近年来,会计、税务制度不断改革,从而对会计理论和实务产生了新的影响。为了充分反映这一影响,我们在第二版的基础上,通过适当调整原有实验内容编写成了《新编基础会计实验(第三版)》。

本书依然围绕基础会计学的基本教学内容和会计手工实验的要求,以工业企业会计核算过程为蓝本编写而成。同第二版相比,第三版有以下特点:

(1) 专项实验部分业务发生时间确定为2011年,综合实验部分业务发生时间确定为2010年,使实验素材更具时代感。

(2) 考虑到当前的实际情况,专项实验中的经济业务作了一些数字上的技术变动。

(3) 根据有关制度,对综合实验中的有关交易或事项的叙述作了相应改动,业务处理原则也发生了变化。为此,与本书配套附上综合实验指导的PPT。此外,第三版对个别技术性错误也作了更正。

本书的修订仍由秦洪珍和李晓东组织完成,具体分工仍同以前。

欢迎广大读者、专家及实务工作者对书中的不足之处提出批评指正,我们对此深表感谢。

编　者

2012年4月

再版前言

《新编基础会计实验》自2005年2月出版以来，已经连续印刷了4次，这说明它得到了广大使用者的认可。在此期间，我们也不断修正错误，使其日臻完善。

2006年2月，我国财政部颁布了新《企业会计准则》，并于2007年1月1日起在上市公司范围内施行，鼓励其他企业执行。为了充分反映会计改革与理论研究的最新成果，我们以新颁布的企业会计准则及其应用指南为依据，本着简明性、时代性和前瞻性原则，对原书的内容作了修改。

修订后的《新编基础会计实验》依然围绕基础会计学的基本教学内容和会计手工实验的要求，以工业企业会计核算过程为蓝本，但对以下相关实验内容做了调整：(1) 为增强时代感和新颖性，业务发生时间都确定为2007年，这也符合新准则实施的时间要求；(2) 业务的发生考虑到当前的实际情况，适当作了一些数字上的技术变动；(3) 考虑到新准则下会计科目的设置和相关业务核算的规定，删减、调整或增加了一些交易或事项。

本书的修订仍然由秦洪珍和李晓东进行：第一、第二、第三、第五(3)部分由秦洪珍负责，其余部分由李晓东负责。

本书的修订得到了郑州航空工业管理学院会计学系领导和老师们的大力帮助和支持。对此我们表示诚挚的谢意。

尽管我们做了很大努力，但疏漏之处在所难免，恳请使用者、专家及实务工作者批评指正。

编　者

2007年8月

前　言

会计管理既是企业实现管理现代化、提高经济效益的手段，又是企业现代化管理的一项主要内容，而会计学的理论来源于会计实践并指导会计实践。会计作为一门经济管理应用科学，是会计理论与会计实践的有机统一。作为新世纪的会计人才，必须是既掌握会计理论又能够将理论应用于会计实践的复合型人才。会计学、财务管理等专业的在校学生，在学习相关的会计理论后应进行相应的实践锻炼。

为了使会计学、财务管理等相关专业的学生能够掌握会计操作的基本技能，巩固所学的基本理论、基本概念，在学完《基础会计学》课程之后，应开展对会计认识的实践锻炼，开展会计手工模拟实验(或称为仿真实验)。为了使学生更加系统、深入地了解和掌握这一环节的实验过程，增强感性认识，巩固所学理论知识，保证会计实验教学工作得以顺利进行，我们编写了本书。

本书围绕《基础会计学》的基本教学内容和会计手工实验的要求，以工业企业会计核算过程为蓝本编写而成，共分五个部分：第一部分对基础会计实验基本情况和要求作了概括说明；第二部分对实验操作过程和实际会计工作的有关规定作了要点式的说明；第三部分从会计凭证的填制和审核、会计账簿的设置和登记、错账更正等方面提供有关原始资料，供相关专项实验之用；第四部分结合某一工业企业的基本经济业务，列示了基础会计综合实验的典型经济业务；第五部分以附录的形式，列示了实验中所需的相关会计资料，以及财政部颁布的《会计基础工作规范》等。其中在校学生可以把第一、第二、第三部分及《会计基础工作规范》与综合实验放在一起进行学习和实验操作，也可以在《基础会计学》的教学过程中结合教学内容进行，但综合实验一般不宜在《基础会计学》的教学过程中进行，否则实验可能变成一次大作业，达不到基础会计实验预先设定的实验目的。

本书涉及的会计业务操作过程和会计资料对学生而言是很新颖的。为了使学生能够在较短的时间内掌握会计基础工作，在编写本教程之前我们进行了大量的实际调研工作，并在本书中尽可能挑选或设计了一些典型的经济业务。本实验所需时间约为一周。

本书总体上兼顾了以下几个方面：注重培养学生实际操作能力和应用能力；培养学生分析和解决专业知识问题的能力；理论密切联系实际；专项实验和综合实验相结合，既有典型经济业务的账务处理和原始凭证的填制，又尽可能减少实际会计工作中可能大量存在、但对会计实验来说是大量重复却效率低下的填制凭证、登记账簿工作；为后续财务会计、成本会计等课程的学习及以后的实际工作奠定基础。

本书是配合高等院校会计学、财务管理等相关专业的学生学习《基础会计学》而设计的，也可作为非财会专业的会计手工实验之用，而且对于刚参加会计工作的人员来说，也是其在较短时间内掌握会计工作操作要求的比较理想的训练教材。

本书由秦洪珍和李晓东编写，其中第一、第二、第三、第五(3)部分由秦洪珍编写；第四、第五(1、2、4)部分由李晓东编写。

在资料搜集和编写过程中，得到了李现宗教授、叶忠明教授和其他老师们的大力帮助和支持，他们对本书的写作给予了必要的指导，也为本书的写作做了很多前期工作。本书编写中还参阅了最新的有关法规和许多优秀的文献。在此，我们对以上有关人员表示诚挚的谢意。

尽管在本书的编写中我们做了很大努力，但由于实验资料基本依赖于企业实际工作资料，难免有较为典型业务的遗漏，加之编者学识所限，书中一定存在不足之处，恳请使用者、专家和实务工作者批评指正。

编　者

2005年2月

目　录

一、基础会计实验概述

(一) 基础会计实验的目的

基础会计实验，即手工会计认识实验，是配合《基础会计学》的教学而进行的，其目的是：

(1) 巩固课堂理论知识，缩短理论与实践的差距，使学生对会计工作有初步的感性认识。

(2) 进行基本功训练，培养学生的操作能力，锻炼、提高学生的基本技能。

(3) 加深对所学《基础会计学》知识的理解，提高学生专业学习兴趣。

(4) 为《财务会计学》、《成本会计学》等有关后续课程的课堂教学和实验教学打下坚实的基础。

(5) 培养学生的职业道德和务实精神。

(6) 提高会计教育质量，培养社会急需的应用型、通用型、复合型人才。

(二) 基础会计实验的内容

根据《基础会计学》理论教学的内容，结合会计实验的特点，基础会计实验的内容主要包括六个方面：

(1) 原始凭证的填制与审核。

(2) 记账凭证的填制与审核。

(3) 汇总记账凭证的编制。

(4) 账簿的登记、对账、结账与错账更正。

(5) 编制会计报表。

(6) 会计资料的传递、装订与保管。

(三) 基础会计实验的基本要求

1. 对指导教师和实验管理人员的要求

(1) 熟悉基础会计实验的内容，掌握实验的重点和关键所在，准备好实验材料。

(2) 按作息制度工作，认真指导学生实验，保证实验进度、实验完成质量等。

(3) 对实验室内的设备仪器、实验资料等财产物资进行严格管理，严格控制消耗性资料的领发。

(4) 以符合实际的科学考核办法积极组织对学生实验结果的考核，评定学生实验成绩。

2. 对学生的要求

(1) 阅读有关材料，特别是基础会计实验概述、会计操作规范等。

(2) 严格遵守实验室制度，及时打扫实验室内卫生，注意个人衣着，养成良好的工作作风。

(3) 认真听从实验指导教师的实验指导，服从实验管理人员的管理，按规定领取有关实验资料。

(4) 实验操作认真、细致，严格按实验操作规范和实际工作的有关规定进行，养成一丝不苟的工作作风。

(5) 实验应在指导教师和管理人员指导下独立完成，实验结束后接受相关的实验考核。

(6) 实验中不许大声喧哗，以免影响正常的实验工作进行。

3. 对实验室内的基本要求

(1) 实验室内应配备好必要的实验设备和仪器。实验设备同实际工作相比，应具有真实性；从教学手段要求方面来讲，应具有先进性；同时根据本院校、系部的实际状况，应具有经济合理性。

(2) 学生实验开始前实验室内应布置完备，能够满足实验教学工作的正常进行。

(3) 提供必要的实验材料和资料，且具有真实性。

(四) 基础会计实验的资料准备

基础会计实验资料的准备主要包括以下几个方面：

(1) 汇编的有关财会法规。

(2) 实验必需的、同实际基本一致的各种凭证、账页、报表、银行单据、财务章、会计科目章等。

(3) 必要的实验操作流程展图。

(4) 必要的音像演示资料。

(五) 基础会计实验的方法

基础会计实验是学生初次接触“实际”，宜采用实验指导教师、实验室管理人员指导，由学生动手全过程操作的方法进行。

(六) 基础会计实验的考核

实验考核在实验进行中或结束后进行，并且应具有科学性、合理性。根据实验情况由实验指导老师决定采用笔试、操作、口试或由学生提交实验报告等方式进行考核。

二、会计实验操作规范

(一) 会计实验操作规范的内容

会计实验操作规范,就是指会计实验过程中有关账务处理的基本方法、组织程序、核算过程方面的操作技术规范,也是符合实际会计工作规范的操作技术规范。

随着财务软件的普遍使用,会计上包括记账凭证填制、登记账簿等在内的账务处理越来越依赖计算机进行,相应的规范在软件中都已程式化地作了规定。但由于成本等方面的原因,一些中小型企业目前仍采用手工方式进行账务处理。本教程所涉及的相关会计处理都以采用手工方式为基础,因此相应的规范也主要是手工操作规范。其基本内容主要包括八个方面:

(1) 会计书写规范。

(2) 出纳业务规范。

(3) 原始凭证处理规范。

(4) 记账凭证处理规范。

(5) 账簿设置、登记的处理规范。

(6) 试算、对账、结账、错账更正的处理规范。

(7) 财务报告的处理规范。

(8) 会计资料收集、传递、保管规范。

在实验中严格按规范操作,既可培养严谨的工作作风,又可增加实验的真实性,因此不可忽视。由于篇幅的限制,以下仅作重点介绍。

(二) 会计书写规范

会计书写规范的基本要求是:交易或事项记录正确;书写要符合财会法规、会计制度以及对财会人员的要求;账目条理清晰,书写字迹清楚,无模糊不清的现象;账面整洁美观,书写工整,无杂乱无章现象;结构安排合理,字迹流畅,美观大方。具体要求如下所述。

1. 阿拉伯数字书写规范

阿拉伯数字书写总体要求是不得连笔,数字应具有一定的高度、斜度、间距,有竖划的数字的写法要有明显的区别。

阿拉伯数字应当一个一个地写,不得连笔。特别是在连着写几个“0”时,一定要单个地写,而不能将几个“0”连在一起一笔写完。印有数位线的每一格只能写一个数字。数字的排列要整齐,数字之间的间隙应均匀,不能过大。

阿拉伯数字书写一般应紧贴底线书写,其高约占横格高度的1/2,使上方能留出一定空位,以便需要更正时可以再次书写。一般高低一致,但“6”的起笔应上提,比其他一般的数字伸出1/4,“7”、“9”的落笔要下拉出格至一般数字的1/4(同其他一般的数字相比上端缩进1/4,而下端伸出1/4)。

根据习惯，书写阿拉伯数字时应有一定的斜度。倾斜角度的大小应以笔顺书写方便、好看易认为准，一般掌握为上端向右倾斜 60 度左右。

为了防止涂改，对有竖划的数字的写法应有明显的区别，如“6”的竖划应偏左，“4”、“7”、“9”的竖划应偏右，“1”应写在中间。阿拉伯数字的书写规范见下图示范。

2. 货币符号书写规范

阿拉伯数字金额前面应当书写货币币种符号或者货币名称简写和币种符号。货币符号书写规范是币种符号与阿拉伯数字金额之间不得留有空白，阿拉伯数字金额前面写有货币币种符号的，数字后面不再写货币单位。所有以元为单位（其他货币种类为货币基本单位）的阿拉伯数字，除表示单价等情况外，有角分的一律填写分；有角无分的，分位应当写“0”，不得用符号“—”代替；无角无分的，角位和分位可以写“00”，也可以用“—”代替。

3. 文字及汉字大写数字书写规范

文字及汉字大写数字书写规范的总体要求是叙述简明扼要、准确，书写工整清晰。

文字书写要求是，摘要书写要以原始凭证为依据，正确反映交易或事项的内容，文字少而能把交易或事项发生的内容记述清楚；在有格限时，文字多少以不超栏格为限；会计科目要写全称，不能简化；包括汉字大写数字在内，书写时用正楷或行书体，不能用草书；字不能过大或过小，而且应保持适当的、大小均匀一致的字距；书写字体一般也是占横格高度的 1/2；字迹工整、清晰、规范，不得自造简化字等。

汉字大写数字或数位，是用于填写需要防止涂改的销货发票、银行结算凭证等，因此在书写时不能有错（如果写错，应作废重新填制新的凭证）。具体要求是：大写金额数字前未引有货币名称的，应当加填货币名称（如人民币金额前应冠以“人民币”字样），且货币名称与金额数字之间不能空位，数字之间不留空位；写数与读数顺序一致。大写数字金额元后无角、分或角后无分，即到元或角为止的，大写数字在“元”或“角”字之后要加写“整”字或“正”字；大写金额数字有分的，“分”字后面不写“整”字或“正”字。

阿拉伯数字金额中间有“0”时，汉字大写金额要写“零”字；阿拉伯数字金额中间连续有几个“0”时，汉字大写金额中可只写一个“零”字；阿拉伯数字金额元位是“0”时，或者数字中间连续有几个“0”且元位也是“0”而角位不是“0”时，汉字大写金额中可只写一个“零”字，也可以不写“零”字；表示位的文字前必须有数字。

书写汉字大写金额时，切忌以“另”或“0”代替“零”，以“毛”代替“角”，以“弌”代替“壹”，以“两”、“弍”或“弐”代替“贰”，以“弎”代替“叁”，以“廿”、“卄”或“廿”代替“贰拾”，以“卅”代替“叁拾”，也不得用“一二三四五六七八九十百千”等简化字代替“壹贰叁肆伍陆柒捌玖拾佰仟”等。汉字大写数字书写具体见以下示范：

零壹贰叁肆伍陆柒捌玖拾佰仟万亿元角分整正

零壹贰叁肆伍陆柒捌玖拾佰仟万亿元角分整正

如 2 153 000.70 元，可以写作：

人民币贰佰壹拾伍万叁仟元零柒角整
或
人民币贰佰壹拾伍万叁仟元柒角正
也可以写作：
人民币贰佰壹拾伍万叁仟元零柒角整
或
人民币贰佰壹拾伍万叁仟元柒角正

(三) 出纳业务规范

出纳负责单位有关重要票证或货币资金的收付与保管工作，是单位重要的会计工作岗位，其业务包括：办理现金收付和银行结算业务；办理外汇出纳业务；登记现金日记账或银行存款日记账；保管库存现金、金银和各种有价证券、印章、空白收据及支票；拟定货币资金收付业务管理办法；对财经纪律的执行情况进行检查、监督等。其工作原则是：钱账分管；按国家法令、制度办事；监督与服务相统一；实行岗位责任制等。

出纳应对有关货币资金收付业务的账簿(日记账)及时、逐笔、连续地进行登记，做到日清月结。具体登记方法是：根据有关收款凭证、付款凭证逐日逐笔地登记收入栏(借方)和支出栏(贷方)，并逐日结出余额，对于现金还要在每日终了将账面余额与库存现金数额进行核对，检查是否相符；为了反映每笔交易或事项的来龙去脉，应把货币资金收入、付出时的对应科目登记在“对方科目”栏中。

出纳人员离职时，应在有监交的情况下及时办理交接手续；根据移交清册的内容，按账簿记录等移交库存现金、有价证券、空白凭证、商业汇票、有关图章、文件、资料和其他物品。移交后交接双方和监交人必须签名或盖章。

(四) 原始凭证的处理规范

原始凭证亦称单据，是在交易或事项发生时，由经办人员直接填制或者取得的、用以表明某项交易或事项已经发生或完成情况并明确有关经济责任、具有法律效力的一种书面凭证。原始凭证是填制记账凭证或登记账簿的原始依据。原始凭证是重要的会计核算资料，其作用主要是能正确、完整、及时地反映交易或事项的本来面貌，并据以检查交易或事项的真实性、合理性和合法性。

1. 原始凭证的填制

(1) 基本要求。

① 真实可靠。即要如实填制交易或事项内容，不弄虚作假。

② 内容完整。即应该填写的项目要逐项填写(接受凭证方要逐项检查验明)，其中年、月、日要按填制原始凭证的实际日期填写；接受单位名称要写全，不能简化；品名或用途要填写明确，不能含糊不清；有关人员的签章及单位的专用章必须齐全。

③ 填制及时。即每当一项交易或事项发生或完成，都要立即填制相应的原始凭证，做到不积压、不误时、不事后补制。

④ 书写清楚。即字迹端正、易于辨认，其中数字书写符合会计上的技术要求，文字工整，不草、不乱、不“造”；复写的凭证不串格、不串行、不模糊。

⑤ 顺序使用。即收付款项或实物的凭证要顺序或分类编号，在填制时按照编号的次序使用，跳号的凭证要加盖“作废”戳记，不得撕毁。

(2) 其他要求。

① 从外单位取得的原始凭证，必须有填制单位的公章及有关人员的签名或盖章；从个人取得的原始凭证，必须有填制人员的签名或盖章。自制原始凭证必须有经办部门负责人或指定人员的签章；对外开出的原始凭证，必须加盖本单位的公章和有关人员的签名或盖章。以上所说“公章”，是指具有法律效力和规定用途，能够证明单位身份或性质的印鉴，包括业务公章、财务专用章、发票专用章、收款专用章或结算专用章等。

② 凡填写有大写和小写金额的原始凭证，大写和小写的金额必须相符。

③ 购买实物的原始凭证，必须有验收证明。实物购入以后，要按照规定办理验收手续。实物验收工作应由有关人员负责办理，会计人员通过有关原始凭证进行监督检查。需要入库的实物，必须填写入库验收单，由仓库保管人员按照采购计划或供货合同验证后，在入库验收单上如实填写实收数额，并签名或盖章。不需要入库的实物，由经办人员在凭证上签名或盖章以后，必须交由实物保管人员或使用人员进行验收，并由实物保管人员或使用人员在凭证上签名或盖章。经过购买人以外的第三者查证核实以后，会计人员才能据以报销付款并作进一步的会计处理。

④ 一式多联的原始凭证，必须注明各联的用途，并且只能以其中指定的一联用作报销凭证；一式多联的发票或收据，必须用双面复写纸套写，或本身具备复写功能，并连续编号，作废时应加盖“作废”戳记，连同存根一起保存。

⑤ 发生销货退回及退还货款时，必须填制退货发票，附有退货验收证明和对方单位的收款收据，不得以退货发票代替收据。如果情况特殊，可先用银行的有关凭证，如汇款回单等，作为临时收据，待收到收款单位的收款证明以后，再将其附在原付款凭证之后，作为正式原始凭证。在实际工作中，有的单位发生销货退回时，对收到的退货没有验收证明，造成退货流失；办理退款时，仅以所开出的红字发票的副本作为本单位退款的原始凭证，即不经过对方单位盖章收讫，也不附对方单位的收款收据。这种做法漏洞很大，容易发生舞弊行为，应该予以纠正。

⑥ 职工因公出差的借款收据，必须附在记账凭证之后。职工因公出差借款时，应由本人按照规定填制借款单，由所在单位领导或其指定的人员审核，并签名或盖章，然后办理借款。借款收据是此项借款业务的原始凭证，是办理有关会计手续、进行相应会计核算的依据。在收回借款时，应当另开收据或者退还借款收据的副本，不得退还原借款收据。因为借款和收回借款虽有联系，但又有区别，在会计上需要分别进行处理，如果将原借款收据退还给了借款人，就会损害会计资料的完整性，使其中一项交易或事项的会计处理失去依据。

⑦ 经上级有关部门批准的交易或事项，应当将批准文件作为原始凭证附件。如果批准文件需要单独归档，应将批准文件的复印件作为原始凭证附件，或在相应的凭证上注明批准机关名称、日期和文件字号等。

⑧ 发现原始凭证有错误的，应当由开出单位重开或者更正。在更正处应当加盖开出单位的公章。

⑨ 手工填写的原始凭证，其文字和数字一般使用蓝黑墨水或碳素墨水的钢笔或毛笔书写；需要复写的要用蓝色或黑色圆珠笔、蓝色双面复写纸。按规定填写原始凭证需要使用红字时，可以用红墨水的钢笔。复写红字时要用红色圆珠笔和红色双面复写纸。禁止用铅笔填制

原始凭证。

(3) 几种常用原始凭证的填制。

① 收料单的填制。收料单是在外购的材料物资验收入库时填制的凭证，一般一料一单，一式三联，一联验收人员留底，一联交仓库保管人员据以登记仓库材料明细账，一联连同发货票交财会部门办理结算。

② 领料单的填制。为了便于分类汇总，填制领料单要"一料一单"，即一种原材料填写一张单据。领用原材料需经领料车间后相关部门负责人批准后，方可填制领料单；车间等负责人、收料人、仓库管理员和发料人均需在领料单中签章，无签章或签章不全的均属无效，不能作为记账的依据。

③ 限额领料单的填制。限额领料单是一种一次开设、多次使用、领用限额已定的累计凭证。在有效期(最长 1 个月)内，只要领用数量累计不超过限额就可以连续使用。

每月开始以前，由供应部门根据生产计划、材料消耗定额等有关资料，按照产品和材料分别填制限额领料单。在限额领料单中，要填明领料单位、材料用途、发料仓库、材料名称以及根据本月产品计划产量和材料消耗定额计算确定的全月领料限额等项目。限额领料单一般一式两联，经生产计划部门和供应部门负责人审核签章后，一联送交仓库据以发料，登记材料明细账，一联送交领料单位据以领料。每次在限额内发料时，在两联内同时填写实发数，并由发料人和领料人同时签章，月末结出实发数量和金额，交财会部门据以记账。

④ 普通发货票的填制。填制普通发货票首先要写清购货单位的名称全称，不能过于简略(如仅填写××公司，不写明是××市××公司还是××县××公司)。然后按凭证格式和内容逐项填列齐全。发货票要如实填写，不能按购货人的要求填写。经办人的签章和单位的公章都要盖全。

⑤ 增值税专用发票的填制。增值税专用发票是一般纳税人于销售货物时开具的销货发票，一式四联，销货单位和购货单位各二联。作为一般纳税人的购货单位购货时，应取得增值税专用发票，因为只有增值税专用发货票税款抵扣联上列示的进项税才能在购货单位作为"进项税额"入账。

目前，我国各省、市、自治区都统一使用计算机开具增值税专用发票，四联分别印有"第一联　存根联　销货方留存备查"、"第二联　发票联　购货方记账凭证"、"第三联　抵扣联　购货方扣税凭证"、"第四联　记账联　销货方记账凭证"字样，以表示各联的用途。

开具增值税专用发票时，要用中文开具专用发票等；纳税人向消费者销售应税项目，销售免税项目，销售报关出口货物或在境外销售应税劳务，将货物用于非应税项目，将货物用于集体福利或个人消费，提供非应税劳务(应征收增值税的除外)，转让无形资产或销售不动产，将货物无偿赠送他人(接受捐赠者为一般纳税人且有要求时除外)，都不得开具专用发票；向小规模纳税人销售应税项目时也不开具专用发票。否则，就有可能给国家带来重大损失。

⑥ 发料凭证汇总表的填制。工业企业在生产过程中领发材料比较频繁，业务量大，同类凭证也较多。为了简化核算手续，需要编制发料凭证汇总表。编制时间根据业务量的大小确定，可 5 天、10 天、15 天或 1 个月汇总编制 1 次。汇总时，要根据实际成本计价(或计划成本计价)的领发料凭证、领料部门以及材料用途等分类进行。

⑦ 商品验收单的填制。商品验收单是商业企业购进商品验收入库的凭证。在商品到达企业后，业务部门应将发货票与经济合同进行核对，无误后再填制商品验收单，共一式四联，交

仓库或实物负责人验收商品。商品验收后，应在商品验收单上加盖“收货”戳记，然后分送业务、财会、统计等部门据以办理货款结算、记账和登记等手续。

⑧ 银行支票的填制。除定额支票外，一律记名并由财会部门专人(出纳)保管和签发。支票应用碳素墨水填写，内容齐全。签发时存根联应一并填写，且内容与支票完全一致。支票大写、小写金额以及日期、文字要正确并不得有任何更改，同时填写支票密码、加盖预留银行印鉴。签发支票应符合银行规定的金额起点(目前为 100 元)。企业将收入现金(含超过库存的多余现金)和支票送存银行时，应将填制的“现金交款单”和“银行进账单”一并送交银行，凭银行退回的“回单联”入账。

随着计算机技术在企业管理应用的普及化，很多原始凭证的填制都有可能通过计算机处理完成。在这种情况下，相关签章就显得更为重要。

2. 原始凭证的审核

会计部门以及经办业务的有关部门，应对原始凭证进行严格认真的审核。审核内容包括：

(1) 真实性审核。

凭证反映的内容是否符合所发生的实际交易或事项的情况，数据、文字有无伪造、涂改、重复使用和大头小尾、各联之间数额不符情况。

(2) 完整性审核。

凭证的编制是否符合要求，各个项目内容是否填写齐全，数字是否正确，查看其凭证的各项指标是否完整；名称、商品规格、计量单位、数量、单价、大小写金额和填制日期的填写是否清晰，计算是否正确；要求统一使用的发货票，应检查是否存在伪造、挪用或用已作废的发票代替，发货票的存根联有无空白缺页；凭证手续是否完备，凭证中应有的签章是否齐全；自制原始凭证附有原始单据的，金额是否相符，无原始单据的是否有部门负责人的批准、签章；原始凭证汇总表的起止期限是否准确，附件是否完整，交易或事项是否相同，等等。

(3) 合法性审核。

外来原始凭证的交易或事项是否符合国家有关法规，是否符合财经纪律和财会制度(经办人和企业负责人首先进行审核，然后再送交会计机构进行其他项目的审核)；企业或个人(具有营业执照的个体户)出具的营业凭证(发票、运费收据、劳务费收据)是否是经过税务机关批准印制的(是否有发票监制章)；除当地政府或税务部门另有规定或特殊情况外，在集贸市场购进商品或临时以现金支付劳务报酬费，是否取得当地税务机关提供的临时发票；收购由本企业代完税或依法抵扣增值税的农副产品收购单、付款单，是否有出售人姓名住址以及产品名称、数量、单价、金额，是否有本企业采购人(经手人)、验收、付款(出纳)等有关人员签章。

会计人员对审核不真实、不合法的原始凭证，不予受理；对记载不明确，不完整的原始凭证，应予以回绝并要求更正、补充。

(五) 记账凭证处理规范

记账凭证是由会计人员根据审核无误的原始凭证或原始凭证汇总表，对交易或事项按其性质加以归类，按照记账规则的要求填制的，用以确定会计分录，并据以登记会计账簿的会计凭证。其处理程序是：① 审核原始凭证，如果需要，还要将交易或事项相同的原始凭证加以归类汇总，编制原始凭证汇总表；② 根据交易或事项确定会计分录；③ 按记账凭证的内容、格式及填制方法，填制记账凭证；④ 填制完毕后，交有关人员审核，然后交有关人员登记会计账簿，制证、审核、记账、主管、出纳等都应作相应签章；⑤ 期末装订存档保管。

1. 记账凭证的填制

(1) 基本要求。

① 审核无误。即在对原始凭证审核无误的基础上填制记账凭证。这是内部控制制度的一个重要环节。

② 内容完整。即记账凭证应该包括的内容都要具备。应该注意的是：以自制的原始凭证或者原始凭证汇总表代替记账凭证使用的，也必须具备记账凭证所应有的内容；记账凭证的日期，一般为编制记账凭证当天的日期，按权责发生制原则计算收益、分配费用、结转成本利润等调整分录和结账分录的记账凭证，虽然需要到下月才能编制，仍应填写当月月末的日期，以便在当月的账内进行登记并结账。

③ 分类正确。即根据交易或事项的内容，正确区别不同类型的原始凭证，正确应用会计科目。在此基础上，记账凭证可以根据每一张原始凭证填制，或者根据若干张同类原始凭证汇总编制，也可以根据原始凭证汇总表填制，但不得将不同内容和类别的原始凭证汇总填制在同一张记账凭证上。

④ 连续编号。即记账凭证应当连续编号。这有利于分清会计事项处理的先后顺序，便于记账凭证与会计账簿之间的核对，确保记账凭证的完整。

(2) 具体要求。

① 除结账和更正错误外，记账凭证必须附有原始凭证并注明所附原始凭证的张数(用汉字大写数字)。所附原始凭证张数的计算，一般以原始凭证的自然张数为准。与记账凭证中的交易或事项记录有关的每一张证据，都应当作为原始凭证附件。如果记账凭证中附有原始凭证汇总表，则应该把所附的原始凭证和原始凭证汇总表的张数一起计入附件的张数之内。但报销差旅费的零散票券等，可以粘贴在一张纸上，作为一张原始凭证。一张原始凭证如涉及几张记账凭证的，可以将该原始凭证附在一张主要的记账凭证后面，在其他记账凭证上注明该主要记账凭证的编号或者附上该原始凭证的复印件。

② 一张原始凭证所列的支出需要由两个以上的单位共同负担时，应当由保存该原始凭证的单位开给其他应负担单位"原始凭证分割单"。原始凭证分割单必须具备原始凭证的基本内容，包括凭证的名称、填制凭证的日期、填制凭证单位的名称或填制人的姓名、经办人员的签名或盖章、接受凭证单位的名称、交易或事项内容、数量、单价、金额和费用的分担情况等。

③ 记账凭证编号的方法有多种，可以按现金收付、银行存款收付和转账业务三类分别编号，也可以按现金收入、现金支出、银行存款收入、银行存款支出和转账业务五类进行编号，或者将转账业务按照具体内容再分成几类编号。各单位应当根据本单位交易或事项量大小、繁简程度以及财务人员多少、分工情况等来选择便于记账、查账、内部稽核而又简单严密的编号方法。无论采用哪一种编号方法，都应该按月顺序编号，即每一类记账凭证每月都从 1 号编起，顺序编至月末。一笔交易或事项需要填制两张或两张以上记账凭证的，可以采用分数编号法编号，如 51 号转账业务的会计分录需要填制三张记账凭证，这三张记账凭证就可以依次分别编成转字 $51\frac{1}{3}$、转字 $51\frac{2}{3}$、转字 $51\frac{3}{3}$号。

④ 填制记账凭证时如果发生错误，应当重新填制。已经登记入账的记账凭证在当年内发

现错误的，可以用红字注销法进行更正。在会计科目应用上没有错误，只是金额错误的情况下，也可以按正确数字同错误数字之间的差额，另编一张调整记账凭证。发现以前年度的记账凭证有错误时，应当用蓝字填制一张更正的记账凭证。

⑤ 实行会计电算化的单位，其机制记账凭证应当符合对记账凭证的一般要求，并应认真审核，做到会计科目使用正确，数字准确无误。打印出来的机制记账凭证上，要加盖制单人员、出纳人员、审核人员、记账人员和会计主管人员印章或者签字，以明确责任。

⑥ 记账凭证填制完交易或事项后如有空行，应当在金额栏自最后一笔金额数字下的空行处至合计数上的空行处划线注销。

⑦ 正确编制会计分录并保证借贷平衡。必须根据国家统一会计制度的规定和交易或事项的内容，正确使用会计科目和编制会计分录，记账凭证借、贷方的金额必须相等，合计数必须计算正确。

⑧ 摘要应与原始凭证内容一致，能正确反映交易或事项的主要内容，表述简短精练。应能使阅读者通过摘要就能了解该项交易或事项的性质、特征，判断出会计分录的正确与否，且一般不必再去翻阅原始凭证或询问有关人员。

⑨ 只涉及现金和银行存款之间相互划转（从银行提取现金或把现金存入银行）的交易或事项，以付款业务为主，即为避免重复记账，只填制付款凭证而不填制收款凭证。

（3）常用记账凭证的填制。

① 专用记账凭证的填制。

Ⅰ. 收款凭证的填制。收款凭证根据现金和银行存款收款业务的原始凭证填制。凡是涉及增加现金（现金和银行存款等货币资金之间相互划转引起现金增加的除外）或者银行存款账户的金额的，都必须填制收款凭证。收款凭证左上方的“借方科目（或账户）”，应填写“现金”或“银行存款”；右上方应填写凭证编号。收款凭证的编号一般按“现收××号”和“银收××号”分类，交易或事项少的单位也可不分“现收”与“银收”，而按收款业务发生的先后顺序统一编号，如“收字××号”。“摘要”栏内填写交易或事项的内容梗概；“贷方科目（或账户）”栏内填写与“现金”或“银行存款”科目相对应的总账（一级）科目及其所属明细（二级）科目；“金额”栏内合计数必须是实际收到的现金或银行存款数额：“记账符号”栏供记账员根据收款凭证登记有关账簿后做记号用，表示该项金额已经记入有关账户，以避免重记或漏记。

Ⅱ. 付款凭证的填制。付款凭证根据现金和银行存款付款业务的原始凭证填制。凡是涉及减少现金或者银行存款账户的金额的，都必须填制付款凭证。付款凭证的填制方法和要求与收款凭证基本相同，不同的只是在付款凭证的左上方应填列贷方科目（或账户）“现金”或“银行存款”，这是因为现金和银行存款的减少应记账户的贷方；付款凭证的对应科目为“借方科目（或账户）”，需填写与现金或银行存款支出业务有关的总账（一级）科目和明细（二级）科目。

Ⅲ. 转账凭证的填制。转账凭证根据不涉及现金和银行存款收付的转账业务的原始凭证填制。凡是不涉及现金和银行存款增加或减少的交易或事项，都填制转账凭证。转账业务没有固定的账户对应关系，因此在转账凭证中，要按“借方科目（或账户）”和“贷方科目（或账户）”或“借方金额”和“贷方金额”分别填列有关总账（一级）科目和明细（二级）科目或有关总账（一级）科目和明细（二级）科目的借方发生额和贷方发生额。前一种情况下，借方科目的金额与贷方科目的金额不在同一行内，但一般都在同一行的“金额”栏内填列；后一种情况下，借方科目与贷方科目都在同一“总账科目”、“明细科目”栏内，而借方科目的金额与贷方科目的金额既不在同一行内，也不在同一“金额”栏内填列。

② 通用记账凭证的填制。通用记账凭证的名称为“记账凭证”或“记账凭单”。它集收款、付款和转账凭证于一身，通用于收款、付款和转账等各种类的交易或事项。其格式及填制方法与转账凭证完全相同。

③ 汇总记账凭证的填制。

Ⅰ. 汇总收款凭证的填制。汇总收款凭证根据现金或银行存款的收款凭证，按现金或银行存款科目的借方分别设置，并按贷方科目加以归类汇总，定期(5 天或 10 天)填列一次，每月编制一张。月份终了，计算出汇总收款凭证的合计数后，分别登记现金或银行存款总账的借方，以及各个对应账户的贷方。

Ⅱ. 汇总付款凭证的填制。汇总付款凭证根据现金或银行存款的付款凭证，按现金或银行存款科目的贷方分别设置，并按借方科目加以归类汇总，定期(5 天或 10 天)填列一次，每月编制一张。月份终了，计算出汇总付款凭证的合计数后，分别登记现金或银行存款总账的贷方，以及各个对应账户的借方。

Ⅲ. 汇总转账凭证的填制。汇总转账凭证根据转账凭证按每个科目的贷方分别设置，并按对应的借方科目归类汇总，定期(5 天或 10 天)填列一次，每月编制一张。月份终了，计算出汇总转账凭证的合计数后，分别登记各有关总账的贷方或借方。

Ⅳ. 记账凭证(科目)汇总表的填制。根据记账凭证逐笔登记总账，如果工作量很大，可以先填制记账凭证汇总表，然后根据记账凭证汇总表再来登记总账。填制方法一般如下：a. 填写记账凭证汇总表的日期、编号和会计科目名称。汇总表的编号一般按年顺序编列，汇总表上会计科目名称的排列应与总账科目的序号保持一致。b. 将需要汇总的记账凭证，按照相同的会计科目名称进行归类。c. 将相同会计科目的本期借方发生额和贷方发生额分别加总，计算出合计金额。d. 将每一会计科目的合计金额填入汇总表的相关栏目。e. 合计汇总表的本期借方发生额和本期贷方发生额合计数，双方合计数应该相等。

(4) 其他应注意的问题。

① 记账凭证日期的填写。现金的收付款凭证，应以出纳人员实际收付款的日期为编制日期；银行存款的收付款凭证，应按银行的盖章日期填写，以便于与银行对账；转账凭证按交易或事项发生或完成日期填写；调整账目、成本计算、财产清查、结账等，在结账期间均按月终(或年终)日期填写；记账凭证应按日期顺序编制，前后日期不可颠倒。现金收付款凭证和银行结算凭证应是先填收款凭证，后填付款凭证，以免登账时出现红字余额。

② 会计科目的填写。会计科目、子目应按相关会计制度的规定填写中文全称，并不得改变其核算内容；先写借方科目，后写贷方科目；按记账凭证格式顺序填写，科目之间不留空格，遇有相同会计科目时要逐个填写科目全称，不得用点点代替，使用会计科目图章的，要与横格底线平行盖正。

③ 摘要的填写。意思要完备，文字要简短；字迹要端正、清楚，不能乱造乱用简化字。

④ 金额的填写。与会计科目及摘要相联系，一张凭证只有一借一贷时可不必合计，但一借多贷、多借一贷或多借多贷时，填写的金额必须合计。

⑤ 附件整理方法。完成记账后，应定期对各种会计凭证加以整理，以便于妥善保管、备查和装订成册。整理时一般以左上角为标准，用大头针或回形针钉住，或用胶水粘住，不致脱落；格式不同、大小不一的原始凭证要进行整理；经常查阅的原始凭证(如工资表)可填写一式两

份，其中一份单独装订和保管；某些需要单独保管的重要凭证可将复印件附入记账凭证；个别交易或事项内容和经过比较复杂的，应抄录收发文号及简要内容作为附件。

⑥ 记账凭证的编号。应及时按顺序连续编号，不得漏号、重号、错号。编制凭证时应立即编号，以免散失。如有漏号，应补编一张漏号的空白记账凭证插入，摘要写明编号，金额划销；如有重号，只能作为某一号的副号。

⑦ 传递。编制完毕后，交稽核员审核，然后交会计主管签章，记账员登记账簿并签章。会计凭证应及时传递，不得积压。

2. 记账凭证的审核

记账凭证审核的主要内容是：是否附有原始凭证，所附原始凭证的内容和张数是否与记账凭证相符；应借、应贷账户名称是否正确，对应关系是否正确清楚，所记金额有无错误，有关人员是否签名或盖章。

（六）会计凭证的传递和保管

1. 会计凭证的传递

各单位会计凭证的传递程序应当科学、合理，具体办法由各单位根据会计业务需要自行规定。会计凭证的传递是会计核算得以正常、有效进行的前提，科学合理的传递程序应能保证会计凭证在传递过程中的安全、及时、准确和完整。在确定传递程序时，应该结合本单位的具体情况，如核算工作量的大小、机构及职责设置的繁简、会计内部分工及职能分割的粗细等。既要防止无序传递，又要防止形式化。

应当指出，及时传递会计凭证不仅对及时进行会计核算来说是必要的，而且对会计凭证获得必要的保管也是十分关键的。传递不及时，会计凭证散失的可能性就会加大。

2. 会计凭证的保管

(1) 分类和编号。

会计凭证登记完毕后，应当按照分类和编号顺序保管，不得散乱丢失。分类和编号是保管会计凭证的重要方法和手段，也是方便检索的有效措施。

(2) 装订。

记账凭证应当连同所附的原始凭证或者原始凭证汇总表，按照编号顺序折叠整齐，按期装订成册并加具封面，注明单位名称、年度、月份、起讫日期、凭证种类、起讫号码，由装订人在装订线封签处签名或者盖章。对于数量过多的原始凭证，可以单独装订保管，在封面上注明记账凭证日期、编号、种类，同时在记账凭证上注明“附件另订”和原始凭证名称及编号。

各种经济合同、存出保证金收据以及涉外文件等重要原始凭证，应当另编目录，单独登记保管，并在有关的记账凭证和原始凭证上相互注明日期和编号。

3. 复制

原始凭证不得外借，其他单位如因特殊原因需要使用原始凭证时，经本单位会计机构负责人、会计主管人员批准，可以复制。向外单位提供的原始凭证复制件，应当在专设的登记簿上登记，并由提供人员和收取人员共同签名或者盖章。

4. 遗证

从外单位取得的原始凭证如有遗失，应当取得原开出单位盖有公章的证明，并注明原来凭证的号码、金额和内容等，由经办单位会计机构负责人、会计主管人员和单位领导人批准后，才能代作原始凭证。如果确实无法取得证明的，如火车、轮船、飞机票等凭证，由当事人写出详细情况，由经办单位会计机构负责人、会计主管人员和单位领导人批准后，代作原始凭证。

（七）账簿设置、登记的处理规范

会计账簿是由一定格式的账页组成的簿籍，是以会计凭证为依据，全面、分类、连续地记录一个单位的交易或事项，对大量分散的数据或资料进行分类归集整理，逐步加工成有用的会计信息的工具。在形式上，会计账簿只是若干账页的组合，在实质上，会计账簿是会计信息形成的重要环节，是编制会计报表的重要依据，设置和登记会计账簿是会计核算的一种专门方法，是重要的会计核算基础工作，也是会计工作秩序的晴雨表之一。

每个独立核算单位，都要建立总账和明细账，但建账册数以及每册账簿选用的格式，要根据企业的实际情况来确定。企业应按会计制度确定的会计科目，根据本单位实际情况选择，哪些应该单独设置账簿，哪些应合并设置账簿，都应考虑周到。另外每本账簿选用的外表形式、格式等也都要经过选择。

1. 总账的设置

总账亦称总分类账，是根据一级会计科目（亦称总账科目）开设的账簿，用来分类登记一个单位的全部交易或事项，提供资产、负债、所有者权益、费用、成本、收入和利润等总括的资料。各单位可根据所采用的记账方法和账务处理程序的需要等设置一定形式的总账。

（1）三栏式。

在采用借贷记账法的情况下，可以采用按借方、贷方和余额设栏的总账。其账页格式又有两种：一种是在借方金额栏和贷方金额栏内再设“对方科目”栏；另一种则是不在借贷栏内设“对方科目”栏。

（2）多栏式。

为了适应将序时记录和总分类记录结合在一起登记的需要，可以采用多栏式的总账。这种总账又叫做日记总账。

（3）棋盘式。

为了简化记账工作，也可以采用棋盘式总账，即按总账科目对应关系反映本期发生额和期初、期末余额的总账。一般是纵向设“应借科目名称”，横向依次设“期初余额（分借、贷两栏）”、“应贷科目名称”、“期末余额（分借、贷两栏）”等。

（4）科目汇总表式。

这实际上是采用科目汇总表代替总账。这种情况下科目汇总表应是具有期初余额、本期发生额和期末余额，而只有本期发生额的科目汇总表不能用来代替总账。

总账一般应采用订本式，这有利于保护总账记录的安全和完整，但科目汇总表总账可以是活页式。

2. 明细账的设置

明细账（亦称明细分类账）通常根据总账科目所属的明细科目设置，用来分类登记某一类交易或事项，提供有关的明细核算资料。明细账是形成有用的会计信息的基本程序和基础环节，借助于明细账，既可以对交易或事项的信息或数据作进一步加工整理，进而通过总账形成适合于会计报表提供的会计信息，又能为会计信息的形成提供具体情况和有关线索。

明细账可以有多种形式。根据财产物资管理上的要求和需要作明细分类记录的经济内容，明细账账页的格式主要有以下几种。

(1) 三栏式。

三栏式明细账的账页只设借方、贷方和余额三个金额栏。这种格式适用于那些只需要进行金额核算而不需要进行数量核算的明细核算，如“应收账款”、“应付账款”等债权债务结算科目的明细分类核算。

(2) 数量金额式。

数量金额式明细账的账页是按收入(借方)、发出(贷方)和结余(余额)分别设数量和金额栏。这种格式适用于既需要进行金额核算，又需要进行实物数量核算的各种财产物资的明细核算，如“原材料”、“库存商品”等财产物资科目的明细分类核算。

(3) 多栏式。

多栏式明细账的账页按照明细科目或明细项目分设若干专栏，以在同一账页上集中反映各有关明细科目或某明细科目各明细项目的金额。这种格式适用于费用、成本、收入和成果的明细核算，如“制造费用”、“管理费用”、“营业外收入”和“营业外支出”等科目的明细分类核算。

在账簿形式上，明细账一般采用活页式，这样可以根据需要随时添加空白账页，或在封账前抽出空白的账页，比较方便。

3. 日记账的设置

日记账是一种特殊的明细账。为了加强现金和银行存款的管理和核算，各单位通常都应当设置现金日记账和银行存款日记账，以便逐日逐笔地核算和监督现金与银行存款的收入、付出和结存情况。

现金日记账和银行存款日记账的账页一般采用三栏式，即借方(收入)、贷方(付出)和余额三栏，并(在借贷两栏中)设有“对方科目”栏。如果收、付款凭证数量较多，为了简化记账手续，同时也为了通过现金日记账和银行存款日记账汇总登记总账，也可以采用多栏式，即在收入和付出两栏中分别按照对方科目设置若干栏目，也就是在收入栏按对应的贷方科目设栏目，在付出栏按对应的借方科目设栏目。采用多栏式以后，如果会计科目较多，为避免造成篇张过大，还可以分设现金(银行存款)收入日记账和现金(银行存款)支出日记账。

现金日记账和银行存款日记账必须采用订本式账簿。不得用银行对账单或者其他方法代替日记账。

4. 会计账簿的启用

为了保证会计账簿记录的合法性和资料的完整性，明确记账责任，会计账簿应当由专人负责登记。启用会计账簿时，应当在账簿封面上写明单位名称和账簿名称。在账簿扉页上应当附启用表，内容包括:启用日期、账簿页数(活页式账簿在装订成册后，填写账簿的起止页数)、记账人员和会计机构负责人、会计主管人员姓名，并加盖个人名章和单位公章。记账人员或者会计机构负责人、会计主管人员调动工作时，应当注明交接日期、接办人员或者监交人员姓名，并由交接双方人员签名或者盖章，以明确有关人员责任，提高有关人员的责任感和维护会计记录严肃性。

启用订本式账簿，应当从第一页到最后一页顺序编定页数，不得跳页、缺号。使用活页式账簿，应当按账户顺序编号，并定期(一般一个会计年度)装订成册。装订后再按实际使用的账页顺序编定页码，另加目录，记明每个账户的名称和页次。

会计账簿启用时还要粘贴足额的印花税票。

5. 会计账簿的登记

记账人员在登记会计账簿之前，应当首先审核记账的依据亦即会计凭证的合法性、完整性和真实性。这是会计内部稽核制度中的又一个重要环节。虽然由原始凭证编制记账凭证时已要求进行审核，但并不降低记账人员再作审核的必要性，这是确保会计信息质量的重要措施。

(1) 基本要求。

① 准确完整。登记会计账簿时，应当将会计凭证日期、编号、交易或事项内容摘要、金额和其他有关资料逐项记入账内，做到数字准确、摘要清楚、登记及时、字迹工整。对每一项会计事项，一方面要记入有关的总账；另一方面要记入该总账所属的明细账。记录在账簿中的日期，应该填写记账凭证中的日期；以收料单、领料单等自制原始凭证作为记账依据的，账簿记录中的日期应该按有关自制凭证上的日期填列。

登记账簿要及时，而对各种账簿登记的时间间隔到底应该多长，要根据本单位所采用的具体会计核算形式而定。

② 注明记账符号。账簿登记完毕后，要在记账凭证上签名或盖章，并注明已经登记的符号，表示已经记账。记账凭证上都设有专门的栏目供注明记账的符号，以免发生重记或漏记。

③ 书写留空。账簿中书写的文字和数字上面要适当留有空格，不要写满(一般应占格距的1/2)。这样，一旦发生错误，就能比较容易地进行更正，同时也方便查账工作。

④ 记账时使用蓝黑墨水。登记账簿要用蓝黑墨水或者碳素墨水书写(书写时尽量使用碳素墨水，因为其他墨水记账一般怕湿、怕潮、怕日晒)，一般不得使用圆珠笔(银行的复写账簿除外)书写，禁止使用铅笔书写。这是因为，在会计上数字的颜色能同数字和文字一起传达会计信息。如同数字和文字错误会表达错误的信息，书写墨水的颜色用错了，其导致的概念混乱也不亚于数字和文字错误。

⑤ 特殊记账使用红墨水。下列情况下可以用红色墨水记账：按照红字冲账的记账凭证，冲销错误记录；在仅设借方或贷方的多栏式账页中，登记减少数；在三栏式账户的余额栏前未印明余额方向而又在余额栏内登记负数余额；根据国家统一会计制度的规定可以用红字登记的其他会计记录或进行的划线，包括：划更正线、结账线、注销线；冲销银行存款日记账时，登记冲销的支票号码；月初冲回上月按暂估价登记入库的存货；存货按计划成本计价时，冲减发出存货应负担的存货成本差异；冲减退货收入和销售成本；记账时的跳行、跳页划线注销等。在这几种情况下使用红色墨水记账是会计工作中的惯例。财政部会计司在制定的《会计制度补充规定及问题解答(第一辑)》中解答“应交税金——应交增值税”明细账户的设置方法时，对使用红色墨水登记的情况作了一系列更为详尽的说明：在“进项税额”专栏中用红字登记退回所购货物应冲销的进项税额；在“已交税金”专栏中用红字登记退回多交的增值税额；在“销项税额”专栏中用红字登记退回销售货物应冲销的销项税额，在“出口退税”专栏中用红字登记出口货物办理退税后发生退货或者退关而补交已退的税款。

⑥ 顺序连续登记。各种账簿按页次顺序连续登记，不得跳行、隔页。如果发生跳行、隔页，应当将空行、空页划红线注销，或者注明“此行空白”、“此页空白”字样，并由记账人员签名或者盖章。这对堵塞在账簿登记中可能出现的漏洞，是十分必要的防范措施。

⑦ 结出余额。凡需要结出余额的账户，结出余额后，应当在“借或贷”等栏内写明“借”或“贷”等字样。没有余额的账户，应当在“借或贷”等栏内写“平”字，并在余额栏内用“θ”表示。现金日记账和银行存款日记账必须逐日结出余额。一般说来，对于没有余额的账户，在余额栏

内标注的“0”应当放在“元”位。

⑧ 过次页承前页。每一账页登记完毕结转下页时，应当结出本页合计数及余额，写在本页最后一行和下页第一行有关栏内，并在摘要栏内注明“过次页”和“承前页”字样；也可以将本页合计数及余额只写在下页第一行有关栏内，并在摘要栏内注明“承前页”字样，也就是说，“过次页”和“承前页”的方法有两种：一是在即将登记完毕的一页的最后一行内结出发生额合计数及余额，然后过次页并在次页第一行承前页；二是只在次页第一行承前页写出发生额合计数及余额，不在上页最后一行结出发生额合计数及余额后过次页。

第一种方法下，次页第一行的日期与“前一页”最后一笔记录的日期一致，后一种做法开始第一行的日期应为新账页登记的第一笔交易或事项的日期，且各类账户一律不做过次页。

另外，“过次页”的本页合计数的结计方法，应根据不同需要按以下情况处理：a. 对需要结计本月发生额的账户，结计“过次页”的本页合计数应当为自本月初起至本页末止的发生额合计数，以便于根据“过次页”的合计数，随时了解本月初到本页末止的发生额，也便于月末结账时，加计“本月合计”数。b. 对需要结计本年累计发生额的账户，结计“过次页”的本页合计数应当为自年初起至本页末止的累计数，以便于根据“过次页”的合计数，随时了解本年初到本页末止的累计发生额，也便于年终结账时，加计“本年累计”数。c. 对既不需要结计本月发生额也不需要结计本年累计发生额的账户，可以只将每页末的余额结转次页，如某些材料明细账户就没有必要将每页的发生额结转次页。

⑨ 定期打印。这是指实行会计电算化的单位，总账和明细账应当定期打印；发生收款和付款业务的，在输入收款凭证和付款凭证的当天必须打印出现金日记账和银行存款日记账，并与库存现金核对无误。因为在以机器或其他磁性介质储存的状态下，各种资料或数据的直观性不强，而且信息处理的过程不明，不便于进行某些会计操作和进行内部或外部审计，对会计信息的安全和完整也不利。

(2) 分类账的登记。

① 总分类账的登记。账页开始使用时，应填写会计科目的全称，登记依据是记账凭证或汇总记账凭证。登记时，把凭证的日期、编号记入账户的“年、月、日”和“凭证号数”栏，把应借(应贷)的金额登入该账户的同一行次的“借方”(“贷方”)栏，结算出余额。根据汇总记账凭证登记总账的，除了上年结转及承前页外，不必填写摘要栏。

在基础会计实验中，采用的是记账凭证核算形式。在这种核算形式下，应当尽可能地根据原始凭证编制原始凭证汇总表，根据原始凭证或原始凭证汇总表填制记账凭证，根据记账凭证定期(3天、5天或10天)登记总账。

② 明细分类账的登记。明细分类账登记的依据是记账凭证和所附的原始凭证或原始凭证汇总表。一般来说，明细账可以每天进行登记，也可以定期(3天或者5天)登记，但债权债务明细账与财产物资明细账应当每天登记，以便随时和对方单位结算与核对库存余额。

(3) 日记账的登记。

① 现金日记账的登记。登记现金日记账必须专人负责，凭证齐全、完整，账款相符，数字真实、准确，书写符合规范，按时结账，若发生错误，应及时按正确的方法更正。a. 出纳员审核有关的原始凭证，并检查是否盖过“现金收讫”、“现金付讫”章。根据现金收、付款凭证或银行存款付款凭证逐日逐笔顺序登入现金日记账，填明日期、凭证号、摘要对应科目、收入或付出金额。b. 分行、分笔登记，不得将收、付款凭证合并登记，也不能将收、付方金额相抵后的差额登

记。c. 登记时按时间顺序逐笔进行，做到日清月结。每日结出的余额与库存现金相核对，现金收付大的，应逐笔结出余额。d. 一页记满后，应在最后一行摘要栏注明“过次页”字样，并结出借贷方发生额（包括本页承前页本月数字）及余额，并登在次页的第一行内。

② 银行存款日记账的登记。银行存款日记账是由出纳人员根据审核无误的银行存款的收、付款凭证或现金付款凭证和原始凭证，序时、逐笔登记的，并在每日终了结算出银行存款的收、付发生额及结存金额。

(4) 账簿使用中其他应注意的问题。

① 必须使用会计科目、子目、细目全称，不得简化，也不得以账簿上用口取纸上粘贴的科目标签代替科目名称。

② 文字、数字应当清楚、正确，记账发生错误时应严格按规定方法更正，严禁刮擦、挖补或其他不正确方法修改。

③ 账簿的账页下端最后横线以下即使有竖格线也空置不填。

④ 低值易耗品和固定资产账簿可以跨年度连续使用。

⑤ 填写记账日期。使用会计账簿、账页的年度项，应填写××××年，每使用一页填写一页，不得空置不填；可跨年度使用的账簿，办完年结后在次行月日上方填写年度；总账根据记账凭证的日期填写或根据汇总记账凭证的日期填写；明细账根据填制记账凭证和原始凭证或原始凭证汇总表的日期填写；同一月份有多笔账务时，除第一、第二笔外以后各笔可以点点代替月份，但换页的第一、第二笔必须填写月份，日期则逐行填写。

⑥ 填写上年转入项。年度更换新账时，需要结转年度余额，同时应在摘要栏注明“承前页”或“上年转入”字样。第一种做法（“承前页”）下，次页第一行的日期与“前一页”最后一笔记录的日期一致，后一种做法（“上年转入”）开始第一行的日期应为新年度第一天，而各类账户一律不做过次页。

⑦ 账页最后一行为结账事项时，遇有季结和年结的，继续办理季结、年结手续。

⑧ 为保证账簿、账页的美观、整洁、清晰，应做到：登账之前，首先整理桌面，防止弄脏账本；笔墨、印台、印章的颜色和规格要尽量统一；登账要及时，尽量一气呵成；翻动墨迹未干的账页时，可放置一张吸水纸，翻阅账页时，应经常变换捻纸的位置，防止账页账角卷曲变黑；印章要经常保持章迹清晰（用印前试盖），印油不可太多（否则会影响本账页和相邻页面的清洁和质量）。

（八）试算、对账、结账、错账更正的规范

1. 试算

试算是指测算总分类账各账户借、贷发生额合计或借、贷方余额合计是否平衡，借以检查记账或结账是否存在错误的一种方法。

试算前应做好必要的准备工作。如检查报告期内各记账凭证的账项是否已全部登入总分类账，各账户余额是否已全部结算，各总分类账户的余额是否与其所属的明细分类账户的余额之和相等，等等。试算一般通过编制试算平衡表进行。试算平衡表的编制步骤及方法如下。

(1) 填制表头日期。

采用余额试算表的，填列报告期末的日期；采用发生额式或发生额及余额试算表的，应填列报告期的起讫日期。

(2) 填列账户名称。

填列账户名称时应按一定顺序排列，如按总分类账的账页顺序或会计科目编号的顺序。

(3) 将各栏的金额分别加总。

将各栏的金额分别加总并将合计数填入表内最末一行的各相应栏内。一般合计数之上划红色单线，之下划红色双线。

(4) 比较相关的借贷方数额是否相等。

比较表内期初余额、本期发生额、期末余额各栏的借方合计数与贷方合计数是否相等。如果不等，检查试算表本身及错误账项。

2. 对账

对账就是核对账目。按《会计基础工作规范》的要求，各单位应当定期将会计账簿记录的有关数字与库存实物、货币资金、有价证券、往来单位或个人等进行相互核对，保证账证相符、账账相符、账实相符。对账工作每年至少进行一次。对账的主要内容如下。

(1) 账证核对。

核对会计账簿记录与原始凭证、记账凭证的时间、凭证字号、内容、金额是否一致，记账方向是否相符。

(2) 账账核对。

核对不同会计账簿记录是否相符。包括：总账有关账户的余额核对；总账与明细账核对；总账与日记账核对；会计部门的财产物资明细账与财产物资保管和使用部门的有关明细账核对等。

(3) 账实核对。

核对会计账簿记录与财产等实有数额是否相符。包括：现金日记账账面余额与现金实际库存数核对；银行存款日记账账面余额与银行对账单核对；各种材料物资等存货的明细账账面余额与材料物资等存货的实存数额核对；各种应收、应付款明细账账面余额与有关债务、债权单位或者个人核对等。

3. 结账

结账是在把一定时期内发生的全部交易或事项登记入账的基础上，计算并记录本期发生额和期末余额。结账程序及方法是：

(1) 结账前，必须将本期内所发生的各项交易或事项全部登记入账，包括以下需要调账的事项：

① 应由本期负担而未支付的税费、借款利息，应提未提的职工薪酬、折旧费、无形资产摊销，应摊未摊的低值易耗品、包装物、长期待摊费用等，应进行提取和摊销转账。

② 财产清查中的溢余、短缺或物资残损变质，应及时进行报批和账务处理，年终决算前应对本年的财产溢余和悬账作一次总的检查和处理。

③ 各项债权债务，包括应补未补项目等，按规定办理结清转账。

④ 月末尚未结转成本的，应按规定计算结转。

⑤ 应分配的利润尚未分配转账的，应按规定计算、分配、转账。

⑥ 督促所属报账单位和有关人员报清本期账务，并据以转账。

⑦ 委托或受托代销的商品，应按售出部分及时结算转账。

⑧ 其他应查对和调整的事项。

(2) 结账时，应当结出每个账户的期末余额。需要结出当月发生额的，应当在摘要栏内注明“本月合计”字样，并在下面通栏划单红线。需要结出本年累计发生额的，应当在摘要栏内注明“本年累计”字样，并在下面通栏划单红线；12 月末的“本年累计”就是全年累计发生额，全年累计发生额下应当通栏划双红线，年度终了结账时，所有总账账户都应当给出全年发生额和年末余额，并通栏划双红线。对这些规定，在实际的会计结账工作中要注意以下四点：

① 结账时应当根据不同的账户记录，分别采用不同的方法。对不需要按月结计本期发生额的账户，如各项应收款明细账和各项财产物资明细账等，每次记账以后，都要随时结出余额，每月最后一笔余额即为月末余额。也就是说，月末余额就是本月最后一笔交易或事项记录的同一行内的余额。月末结账时，只需要在最后一笔交易或事项记录之下划一单红线，不需要再结计一次余额。

现金、银行存款日记账和需要按月结计发生额的收入、费用等明细账，每月结账时，要在最后一笔交易或事项记录下面划一单红线，结出本月发生额和余额，在摘要栏内注明“本月合计”字样，在下面再划一条单红线。

需要结计本年累计发生额的某些明细账户，如主营业务收入、主营业务成本明细账等，每月结账时，应在“本月合计”行下结计自年初起至本月末止的累计发生额，登记在月份发生额下面，在摘要栏内注明“本年累计”字样，并在下面再划一单红线。12 月末的“本年累计”就是全年累计发生额，全年累计发生额下划双红线。

总账账户平时只需结计月末余额，年终结账时，为了反映全年各项资产、负债及所有者权益增减变动的全貌，便于核对账目，要将所有总账账户结计全年发生额和年末余额，在摘要栏内注明“本年合计”字样，并在合计数下划双红线。采用棋盘式总账和科目汇总表代替总账的单位，年终结账时应当汇编一张全年合计的科目汇总表和棋盘式总账。

需要结计本月发生额的某些账户，如果本月只发生一笔交易或事项，由于这笔记录的金额就是本月发生额，结账时只要在此行记录下划一单红线，表示与下月的发生额分开就可以了，不需另外结出“本月合计”数。

② 结账如何划线。结账划线的目的，是为了突出本月合计数及月末余额等，表示本会计期间的会计记录已经截止或结束，并将本期与下期的记录明显分开。按现行规定，月结划单线，年结划双线；划线时，应划红线；划线应划通栏线，不能只在本账页中的金额部分划线。

③ 账户余额的填写方法。每月结账时，应将月末余额写在本月最后一笔交易或事项记录的同一行内。但在现金日记账、银行存款日记账和其他需要按月结计发生额的账户，如各种成本、费用、收入的明细账等，每月结账时，还应将月末额与本月发生额写在同一行内，在摘要栏注明“本月合计”字样。这样做，账户记录中的月初余额加减本期发生额等于月末余额，便于账户记录的稽核。需要结计本年累计发生额的某些明细账户，每月结账时，“本月合计”行已有余额的，“本年累计”行就不必再写余额了。

④ 关于用红字结账。前已指出，账簿记录中使用的红字，具有特定的涵义，它表示蓝字金额的减少或负数余额，因此结账时，如果出现负数余额，可以用红字在余额栏登记。但如果余额栏前印有余额的方向(“借或货”)，则应用蓝黑墨水书写，而不得使用红色墨水。

(3) 年度终了，要把各账户的余额结转到下一会计年度，并在摘要栏注明“结转下年”字样；在下一会计年度新建有关会计账簿的第一行余额栏内填写上年结转的余额，并在摘要栏注明“上年结转”字样。

将各账户的余额结转到下一会计年度的具体方法是：年度终了结账时，有余额的账户的余额，直接记入新账余额栏内，不需要编制记账凭证，也不必将余额再记入本年账户的借方或贷方（收方或付方），使本年有余额的账户的余额变为零。因为，既然年末是有余额的账户，余额就应在结转下年后仍然如实地在账户中加以反映，这样更显清晰、明了。否则，就混淆了有余额的账户和无余额的账户的区别。

对于新的会计年度建账问题，一般说来，总账、日记账和多数明细账应每年更换一次（更换新账后，旧账要按照有关规章制度整理装订并归档加以妥善保管）。但有些财产物资明细账和债权债务明细账，由于材料品种、规格和往来单位较多，更换新账，重抄一遍工作量较大，而且也弱化了这些账簿记录的连续性，因此根据实际情况必要时可以跨年度使用，而不必每年更换一次。各种备查簿也可以连续使用。

4. 错账更正

在实际工作中常见的会计记录错误主要有：① 会计原理、原则运用错误。这种错误的出现是指在会计凭证的填制、会计科目的设置、会计核算形式的选用、会计处理程序的设计等会计核算的各个环节出现不符合会计原理、原则、准则、制度规定的错误。例如，对规定的会计科目不设，不应设立的却乱设，导致资产、负债、所有者权益不真实；对现行财务制度规定的开支范围、标准执行不严等。② 记账错误。主要表现为漏记、重记、错记三种。错记又表现为错记会计科目、错记记账方向、错用记账墨水（蓝黑墨水误用红色墨水，或红色墨水误用蓝黑墨水）、错记金额等，这里主要介绍记账错误的更正。

发现记账有错误时，不论什么性质、什么时间发生的错误，找出后都应及时按正确的方法予以更正，而不准刮、擦、挖补、随意涂改或用褪色药水更改字迹，也不得撕毁有错误的账页再重新填写。更正记账错误通常使用的方法如下。

(1) 划线更正法。

在填制凭证、登记账簿过程中，如发现文字或数字记错，可采用划线更正法进行更正。即先在错误的文字或数字上划一红线，然后在划线上方填写正确记录。在划线时，如果是文字错误，可以划销错误部分；如果是数字错误，应将全部数字划销，不得只划销错误数字。划销时必须注意使原来的错误字迹仍可辨认。更正后，经办人应在划线的一端盖章，以示负责。这种方法主要适用于：

① 登账前发现原始凭证、原始凭证汇总表等的数字或文字错误。

② 登账前发现记账凭证或记账凭证汇总表上的文字说明、科目、金额等发生错误。

③ 会计凭证没有错，登账时发生数字或文字错误，或会计科目写错而报表尚未报出。

④ 各种补助登记簿或备查簿的记录发生错误。

⑤ 账簿记录没有错误，只是报表中发生上述错误。

⑥ 其他有关错误。

用划线更正法更正错误时，若误将正确数字更改了，把错误数字用红线划掉，再用红色墨水在正确数字的两端划上“△”符号；如果是更改错了，需再改正，账簿原行次仍有更正余地时，按正常划线更正法更正，原行次无更正余地时，就将这一行的记录从发生额到余额用红线划掉，并在新的一行摘要栏内标明“转××月××日重新登记”，此时若逐笔结存余额的，余额在重新登记行中予以调整；金额串栏时，把错登数字用红线划掉，再在应登栏次内补登一笔账（新行），并在摘要栏内注明“补登××月××日第××号凭证串行错账”，或是把错登栏次的数字用红线划掉，在同一行内直接在应记栏次填上此数；空行出现时，需在摘要栏写上“此行空白”字样，并用红笔以斜线划销（自借方金额栏首下端划到余额栏末上端）并盖章以示负责；订本式账簿不慎发生空页或账页记录错误较多予以作废时，应将空页或作废账页用红笔在金额栏内划交叉线（交叉线自金额栏第一行左右两端起划至最下一行左右两端止），并在两线交会处加盖经管人员小长方形名章，以示此页注销。

(2) 红字更正法。

在记账以后，如果在当年内发现记账凭证所记的科目或金额有错时，可以采用红字更正法进行更正。所谓红字更正法，即先用红字填制一张与原错误完全相同的记账凭证，据以用红字登记入账，冲销原有的错误记录；同时再用蓝字填制一张正确的记账凭证，在摘要栏注明“订正××××年××月××日××号凭证”，据以蓝字登记入账，这样就把原来的差错更正过来了。应用红字更正法是为了正确反映账簿中的发生额和科目对应关系。

若根据记账凭证记入有关科目并无错误，但所填的金额大于应填的金额时，也可按照正确数字与错误数字的差额用红字金额填制一张记账凭证，据以登记红字入账，以冲销多记部分。在摘要栏注明“注销××××年××月××日××号凭证多记金额”。

(3) 补充登记法。

在记账以后，发现记账凭证填写的金额小于实际金额时，可采用补充登记法进行更正。更正时，将少记数额填制一张记账凭证补充登记入账，并在摘要栏注明“补充××××年××月××日××号凭证少记金额”。

红字更正法和补充登记法都是用来更正因记账错误而产生的记账差错。如果记账凭证无错，只是登记入账时发生误记，这种非因记账凭证误记的差错，无论何时发现（在实际工作中，由于定期核对账目，不可能经过很长时间才被发现）都不能用这两种方法更正，而应用划线法进行更正。因为记账必须以凭证为根据，一张记账凭证不仅是登记明细账的根据，也是汇总登记总账的根据。在同一记账根据的基础上，不一定两种账同时都记错，假如总账未记错，只是某一明细科目记错了数字，如果为订正这一明细科目差错而采用了红字更正法或补充登记法，势必影响总账发生变动，即将原来的正确数订正为错误数；反之亦然。所以，非因记账凭证误记的差错只能用红字更正法进行更正。

在错账更正时，还需要注意以下问题：

① 凡涉及银行票据的差错，不得用划线更正法、补充登记法和红字更正法更正，只能另开银行票据更正。

② 更正的记账凭证摘要栏一律用蓝字书写。

③ 登记总账后，发现汇总记账凭证出错，但记账凭证和明细账没错，只是各科目间串户，应填制记账凭证用红字冲回出错科目的借贷发生额，再用蓝字填写正确的科目及借贷发生额，摘要栏注明“更正××号汇总记账凭证字样”，不记明细账，只编入下期汇总记账凭证，但报告期末最后一张汇总记账凭证发生错误时，应在本期更正。

④ 用红字更正法或补充登记法更正错误的记账凭证时，应注明被更正的记账凭证的日期和编号，以便核对考查。

⑤ 更正错误时，除从凭证和账簿上纠正外，与之相联系的有关账簿核算记录，都必须相应作出适当的更正记录，要防止遗漏。

以上只是对当年内发现填写记账凭证或登记账簿错误而采用的方法，如果发现以前年度记账凭证中有错误(指科目和金额)并导致账簿登记错误的,应当用蓝字填制一张更正的记账凭证。

(九) 财务报告的编制规范

财务报告是指用来反映会计实体财务状况和经营成果的总结性书面文件,包括会计报表主表、会计报表附表以及财务状况说明书等。编制财务报告是及时提供真实、准确、完整会计信息的重要环节。实际工作中存在的会计信息失真问题,很大程度上是编制财务报告环节有意违纪和技术性差错造成的。因此,必须严格遵循财务报告编制程序和质量的规范要求。

1. 财务报告的编制要求

(1) 编制时间要求。

各单位必须按照国家统一的会计制度规定,定期编制财务报告。财务报告可以根据情况和要求,分别按月度、季度、年度等编制。一般来说,资产负债表、利润表按月编制,现金流量表和利润分配表等表按年编制,各种附表和财务状况说明书随年度报表的要求编制。公开发行股票的股份有限公司还应发布中期财务报告。

财务报告提供的信息有较强的时间性,各单位必须及时编制和报送。

(2) 编制格式要求。

对外报送的财务报告格式,应当符合国家有关规定;单位内部使用的财务报告,其格式要求由各单位自行规定。

国家统一的会计制度对于对外报送的会计报表及其附表格式都有统一规定,各单位在编制会计报表时应当严格执行统一规定,不能随意增列或减并表内项目,更不能任意变更表内各项目的经济内容,以免引起使用方面的混乱。

对于内部使用的财务报告格式,各单位在自行规定时,格式要科学合理、体系完整、结构严谨、简明实用,符合经营管理的需要。

在会计报表封面上,单位名称应当填写全称;单位公章应当使用单位行政公章,不能用财务专用章代替;同时还要盖齐单位负责人(法人代表)、总会计师、会计机构负责人、制表人等人员的印章;随同报表报送的财务状况说明书,应在封面之内与报表装订在一起,并在封面上注明"内附财务状况说明书一份"字样;报送文件一般应贴在报表封面上,不能与财务状况说明书订在一起。因为财务状况说明书是财务报告的组成部分,报送文件只是一种履行报送程序的方式。

(3) 编制程序和质量要求。

会计报表应当根据登记完整、核对无误的会计账簿记录和其他有关资料编制,做到数字真实、计算准确、内容完整、说明清楚。任何人不得篡改或者授意、指使、强令他人篡改财务报告数字。这是编制财务报告程序和质量最基本的要求,各单位必须严格执行。

① 数字真实。财务报告应当与单位的财务状况和经营成果相一致。要求一切会计资料必须真实反映单位经济活动的实际,每一项会计记录都要有合法的会计凭证为依据,会计的计量、记录和确认必须根据国家统一会计制度和相关法规的规定处理;编制财务报告,必须以登记完整、核对无误的会计记录和其他有关资料为依据。任何弄虚作假、故意隐瞒财务状况的行为,都是不能允许的。

② 计算准确。在会计账簿和其他有关资料真实可靠的前提下,严格按照国家统一会计制

度规定的会计报表编制说明编制会计报表；做到表内各项目之间、报表与报表之间相互衔接，本期报表与上期报表之间有关数字应当相互衔接；严禁任何人用任何方式篡改财务报告数字。

③ 内容完整。财务报告各项目的内容必须严格按照国家统一会计制度规定的内容编制，要能满足各方面对财务信息的需要；不能任意改变报表项目的内容，增列或减并报表项目；更不能故意漏报或谎报。

④ 说明清楚。财务报告所附的财务状况说明书，必须准确、简明、清晰地说明各个重要会计事项，如会计方法的变动及其影响、有关表内的综合项目(货币资金、存货等)构成情况说明，等等。通过说明，使财务报告使用者增强对财务报告的理解和掌握。

2. 财务报告的格式和编制依据

财务报告的格式和编制依据，都是由国家会计制度统一规定的。从编制财务报告方面发生的实际问题来看，财务报告格式方面很少出现问题，编制依据方面存在的问题则较为普遍。有人为篡改伪造财务报告的问题，也有技术性差错问题。

(1) 编制会计报表前的注意事项。

编制会计报表前，应按规定调整有关事项。调整事项是指在将编制财务报告的报告期内发生的交易或事项登记入账的基础上，按规定处理有关需要以转账凭证方式记录和结转的事项。其内容就是结账前需要调整账户的事项。

(2) 编制会计报表时的注意事项。

① 报表必须按规定金额单位填制。

② 表内的文字和数字必须工整清晰，不得潦草；填写出现差错时，应按规定方法更正，并加盖更正人(制表人)印章。

③ 出现负数的项目，应以“－”号表示，“－”号应在数字之前占两个数字格。

④ 报表中有“年初数”的项目，数字必须与上年的年度报表中同类项目的“期末数”一致。

⑤ 年度决算一经批准，需要调整的事项要在下年度按规定进行调整。

⑥ 各种会计报表中规定的补充资料，都要填写齐全，不得遗漏。

(3) 会计报表的编制依据。

这里仅根据基础会计实验内容，简要介绍资产负债表、利润表的编制依据。

① 资产负债表的编制依据。资产负债表的编制依据，即资产负债表内各项目的数据来源，这些数据绝大多数来源于会计账簿，在有关会计制度的“资产负债表编制说明”中逐项作了规定。总括起来，有以下几个方面：a. 直接根据总账科目余额编制。表内大多数资产、负债及所有者权益项目，都可以直接根据总账科目的余额编制，如“短期投资”、“应收票据”等。b. 根据明细科目的余额编制。如“应收账款”科目，根据“应收账款”、“预收账款”科目所属各明细科目的借方余额合计填列等。c. 根据几个总账科目的期末余额合计编制。如“货币资金”项目，根据“银行存款”、“现金”和“其他货币资金”科目的期末余额合计数填列等。d. 根据有关科目的期末余额分析计算填列。如“一年内到期的长期债券投资”项目，根据“长期债权投资”科目中本年度内到期的长期债券投资数额分析计算填列等。e. 根据表内有关项目的数额加减结果填列。如“固定资产净值”项目根据“固定资产原值”项目减去“累计折旧”项目后填列，“固定资产净额”项目根据“固定资产净值”项目减去“固定资产减值准备”项目后填列，而“固定资产合计”项目则根据“固定资产净额”项目加上“工程物资”、“在建工程”、“固定资产清理”项目后填

列。f. 根据其他有关资料填列。如补充资料中“已贴现的商业承兑汇票”要根据备查账簿中记录的商业承兑汇票贴现情况分析填列等。

② 利润表的格式和编制依据。企业利润表的编制依据是：a. 报表中的“本月数”栏各项目反映本月实际发生数，编制年度报表时，填列上年全年累计实际发生数，并将“本月数”改成“上年数”字样。如果上年度利润表的项目名称和内容与本年利润表不一致，应对上年度报表项目的名称和数字，按本年度的规定进行调整后填入“上年数”。b. 报表中的“本年累计数”反映各项目年初至本月末的累计实际发生数。c. 报表各项目的编制依据是各相关会计科目的发生额，具体数字根据相关损益类会计科目的发生额分析填列。

报表编制完成后还要注意审核。审核的内容有：a. 会计报表的种类是否按要求填制齐全，有关项目是否全部填列。b. 会计报表各项数字是否正确。c. 会计报表中需要加以说明的问题是否有相应的文字说明，补充资料是否填制完整。审核无误后，由制表、复核、财会负责人在报表封面盖章，送企业总会计师和领导人逐级签章，然后报出。报出和留存的报表均应按月装订成册，且留存的会计报表在会计部门保管一年后，开列清册，移交档案部门进行保管。若会计部门保管，应设专柜或在专门地方保管。

三、基础会计专项实验

基础会计专项实验包括填制和审核原始凭证、填制和审核记账凭证、编制汇总记账凭证、登记账簿、错账更正等方面的实验，目的是巩固《基础会计学》理论课中有关会计核算方法的教学内容，熟悉基本会计操作，并为基础会计综合实验奠定基础。为做好这部分实验，应认真阅读和掌握“会计实验操作规范”部分中的有关内容和“基础会计工作规范”等。

(一) 原始凭证的填制和审核

1. 实验目的

通过实验从感性上认识和掌握原始凭证的基本内容、填制方法、传递程序、审核要点。

2. 实验要求

(1) 根据下列实验资料中发生的交易或事项，填制必要的原始凭证（有关印章从略），并且实验人员之间要按要求进行相互审核。

(2) 说明(1)中各交易或事项的有关原始凭证如何传递。

(3) 认识根据(1)中各交易或事项的原始凭证应填制何种记账凭证。

(4) 根据下述有关实验资料中的原始凭证进行合法性、合理性、正确性审核，并根据存在的问题指出处理方法。

3. 实验资料（会计主体：郑州美佳食品厂，有关印章以简化的“印章”示意）

(1) 原始凭证填制的有关资料（有关需要填制的空白原始凭证见附录3）：

① 美佳食品厂2011年3月12日从神象面粉厂购买面粉，取得的发票见下页。货款已通过开出转账支票支付，面粉已验收入库。

② 美佳食品厂2011年3月15日售给绿茵食品店面包100千克，饼干50千克。面包单价每千克4元，饼干单价每千克8元，另加17%增值税。绿茵食品店为小规模纳税人，纳税登记号为410104333666999，地址为汝河路77号，开户银行为工行中原路支行，账号386－775。绿茵食品店已提货，货款通过转账支票收讫，同时开出普通发票，支票已送存银行，并办好收款手续。

③ 3月9日供应处处长王疃同意本处张通预借差旅费1 000元，主管领导王立宪批准后以现金支付。

④ 3月22日销售给个体户李才面包40千克，蛋糕50千克（蛋糕单价不含税每千克6元，增值税税率为17%），现金收讫。

⑤ 3月28日将零星销售所得的现金15 500元存入银行，其中100元145张，50元20张。

⑥ 3月29日开出现金支票，从银行提取现金50 000元备发工资。

(2) 原始凭证审核的有关资料：

① 供应处钱运来3月10日将赴上海参加机电产品商品交易会，3月1日钱运来填写借款单一份，预借差旅费。借款以现金付讫。

河南增值税专用发票

4100532230 No. 21765197

发 票 联

开票日期：2011 年 3 月 12 日

购货单位	名　　称：郑州美佳食品厂 纳税人识别号：410104869554311 地 址、电 话：郑州市花园路23号、0371—66732216 开户行及账号：工行花园路支行 518—168	密码区	960678>*/—/</>83541 *73—+11/94395107+34*+ //—275+6*94>4+6777052 *4259>—>>2/5>>7/>>>9	加密版本：01 410003140 01461193

货物或应税劳务名称	规格型号	单位	数量	单价	金额	税率	税额
面粉	精一	KG	500	1.8	900	17%	153
合计					900		153
价税合计（大写）	⊗壹仟零伍拾叁元整				（小写）￥1 053.00		

销货单位	名　　称：河南神象面粉厂 纳税人识别号：410104732565911 地 址、电 话：郑州市陇海路19号乙、0371-68877666 开户行及账号：工行陇海支行 913—319	备注	河南神象面粉厂 发票专用章 税号410104732565911

收款人：段向东　　复核：李　源　　开票人：钱易庞　　销货单位：（章）

第四联 记账联 销货方记账凭证

国税函［2002］974 号西安印钞厂

借　据

2011 年 3 月 1 日　　第 200703—3 号

借款单位	供应处	金额							
人民币（大写）⊗伍仟元正		十	万	千	百	十	元	角	分
			￥	5	0	0	0	0	0
借款事由	公出								

主管领导	财务负责人	借款单位负责人	借款人
王立宪			钱运来

②记账

② 3 月 7 日供应处的办事员持发票报销以现金支付的业务招待费。

河南省郑州市饮食业专用发票

发　票　联

豫郑地税 (17)(2006) 1　　2393138

客户名称：美佳食品厂　　2011 年 3 月 6 日

项目	数量	单价	超壹万元无效	金额 千	百	十	元	角	分	说明
餐费				2	8	9	3	0	0	壹元以上无金额监督券不准报销
合计人民币(大写)⊗贰仟捌佰玖拾叁元零角零分										￥2 893.00

② 发票联

郑州四季春酒店 发票专用章 税号410104123498765

(虚线以下为金额监督券，如果出现粘补，不准报销)　单位(盖章)　开票人

2 1 仟元

8 7 6 5 4 3 2 1 佰元

9 8 7 6 5 4 3 2 1 拾元

3 2 1 元

③ 供应处钱运来出差回厂，3 月 26 日报销差旅费。厂财务制度规定，大中城市出差住勤标准每人每天 150 元，伙食补助每人每天 50 元，市内交通费据实签字报销。钱运来根据有关单据(共 21 张，全部审核无误，略)填写差旅费报销单一张。

差旅费报销单

报销单位：　　2011 年 3 月 26 日

出发 月	日	时	地点	到达 月	日	时	地点	公出补助 天数	标准	金额	车船飞机费	卧铺	宿费	市内车费	邮电费	其他	合计
3	6		郑州	3	7		南京	2	50	100		184	300	56	15	公文包 400	1 055
3	9		南京	3	9		苏州	2	50	100	33		260	38	8		439
3	11		苏州	3	11		杭州	2	50	100	44		360	73	4		581
3	13		杭州	3	13		上海	3	50	150	26		660	188	45		1 069
3	16		上海	3	17		郑州	1	50	50		206				样品 1 800	2 036
																25	25
合计人民币(大写)⊗伍仟壹佰叁拾陆元正																	￥5 136.00
备注	公出事由为参加上海商品交易会																

单位领导：王立宪　　财务主管：　　报销人：钱运来　　审核人：

（二）记账凭证的填制和审核

1. 实验目的

通过实验了解各种不同的交易或事项应取得的原始凭证，掌握记账凭证的填制方法，汇总记账凭证的编制方法及其审核方法。

2. 实验要求

（1）根据下述有关资料按收款凭证、付款凭证和转账凭证的类别填制相应的专用记账凭证，并且实验人员之间要进行相互审核。

（2）将记账凭证和相应的原始凭证用大头针或回形针别在一起。

（3）根据本实验所填制的记账凭证编制科目汇总表。

（4）说明有关记账凭证的传递程序。

（5）了解根据上述记账凭证或科目汇总表如何登记账户。

（6）根据下述有关实验资料中的记账凭证进行正确性、完整性、原始凭证与记账凭证的相符性审核，并根据审核的问题指出处理方法。

3. 实验资料（会计主体：郑州美佳食品厂，有关印章以简化的“印章”示意）

（1）记账凭证填制的有关资料。

“原始凭证的填制和审核”实验部分中填制的原始凭证。

（2）记账凭证审核的有关资料。

① 将现金 3 000 元存入银行存款户。

收 款 凭 证

总字 32 号

借方科目：银行存款　　2011 年 3 月 10 日　　银收字 20 号

摘要	贷方科目		金额										记账符号
	总账科目	明细科目	千	百	十	万	千	百	十	元	角	分	
存现	库存现金						3	0	0	0	0	0	
		人民币户					3	0	0	0	0	0	
			转账收讫										
金额合计							6	0	0	0	0	0	

附件 壹张

会计主管：　　记账：　　复核：　　出纳：　　制证：

中国工商银行现金交款单(回　　单)

2011 年 3 月 10 日　　　　对方科目：

收款单位	全称	美佳食品厂							款项来源	零售							
	账号	518—168	开户银行	工行花园路支行					交款单位	美佳食品厂							
人民币(大写)	叁仟元正								百	十	万	千	百	十	元	角	分
											¥	3	0	0	0	0	0

票面	壹佰元	伍拾元	贰拾元	拾元	伍元	贰元	壹元	伍角	贰角	壹角	伍分	贰分	壹分	合计金额	
把(百张)数															(银行盖章)
叠(二十)数															收款 王猛
零张数	20	10	25											3 000	复核 崔建伟
合计金额	2 000	500	500											3 000	2011 年 3 月 10 日

第一联　由银行盖章后退回单位

② 购入材料，尚未运到本厂。

付 款 凭 证

总字 33 号

贷方科目：银行存款　　　2011 年 3 月 10 日　　　银付字 10 号

摘要	借方科目		金额										记账符号
	总账科目	明细科目	千	百	十	万	千	百	十	元	角	分	
购料	在途物资	白砂糖					1	0	0	0	0	0	
	应交税费	应交增值税							6	0	0	0	
			转账付讫										
金额合计							1	0	6	0	0	0	

附件　　张

会计主管：王继法　　记账：章　雨　　复核：施　珂　　出纳：李海存　　制证：肖　娅

转账凭证

总字 32 号

2011 年 3 月 10 日　　转字 5 号

摘　要	总账科目	明细科目	借方金额									贷方金额									记账符号
			百	十	万	千	百	十	元	角	分	百	十	万	千	百	十	元	角	分	
材料入库	在途物资	白砂糖				1	0	0	0	0	0										
	原材料	白砂糖													1	0	0	0	0	0	
金　额　合　计																					

附件　张

会计主管：王继法　记账：章　雨　复核：施　珂　出纳：李海存　制证：肖　娅

河南省郑州市商业专用发票

全国统一发票监制章 豫郑州市 国家税务局监制

国税

发票代码：4101001012

豫国字　1　9278119

发　票　联

客户名称：美佳食品厂　　2011 年 3 月 6 日

货　号	品名规格	单　位	数　量	单　价	金额 万	千	百	十	元	角	分	备　注
	白砂糖	kg	500	2.12		1	0	6	0	0	0	如果发现发票违章，请到国税机关举报或拨打举报电话：91591。举报有奖
合计人民币（大写）⊗万壹仟零佰陆拾零元零角零分					¥1 060.00							

②发票联

郑州海蓝副食品批发 发票专用章 税号410104432198765

单位：（盖章）　开票人：刘化吉　收款人：刘守望

中国工商银行
转账支票存根 （豫）

Ⅵ Ⅱ 09532683

科　　目：

对方科目：

出票日期：2011 年 3 月 12 日

收款人：	海蓝副食品批发店
金　额：	1 060.00
用　途：	购白糖
备　注：	

单位主管　王继法　　　　会计：章　雨

③ 计算分配本月职工工资。

记 账 凭 证

出纳编号 280

2011 年 3 月 31 日　　　　制单编号 40

摘要	借方科目 总账	借方科目 明细	贷方科目 总账	贷方科目 明细	百	十	万	千	百	十	元	角	分	记账符号
计提福利费	基本生产						2	0	0	0	0	0	0	
		面包						6	0	0	0	0	0	
		蛋糕						4	0	0	0	0	0	
		饼干					1	0	0	0	0	0	0	
	制造费用							5	0	0	0	0	0	
	管理费用						1	0	0	0	0	0	0	
	销售费用							4	0	0	0	0	0	
			应付职工薪酬				3	9	0	0	0	0	0	
结算方式及票号：			金额合计											

附件 1 张

会计主管：王继法　记账：章　雨　复核：施　珂　出纳：李海存　制证：肖　娅

工资分配汇总表

2011 年 3 月 31 日

车　　间、部　　门		工 资 总 额
生产车间	生产面包工人	6 000
	生产面包工人	4 000
	生产面包工人	10 000
	小　计	20 000
	管理人员	5 000
厂部管理人员		10 000
专设销售机构人员		4 000
合　　计		39 000

单位主管：王继法　　审核：　　会计：章　雨

④ 分配结转本月应付电费。

转 账 凭 证

总字 287 号

2011 年 3 月 31 日　　转字 46 号

摘　要	总账科目	明细科目	借方金额									贷方金额									记账符号
			百	十	万	千	百	十	元	角	分	百	十	万	千	百	十	元	角	分	
分配电费	生产成本					1	2	0	0	0	0										
		燃料动力				1	2	0	0	0	0										
		制造费用						9	0	0	0										
	管理费用	水电费					2	1	0	0	0										
	应付款	电费													1	5	0	0	0	0	
金　额　合　计																					

附件壹张

会计主管：王继法　记账：章　雨　复核：施　珂　出纳：李海存　制证：肖　娅

电费分配计算表

2011 年 3 月 31 日

分配对象		分配标准（机器工时）	分配率	分配量	单价	金额
产品生产	生产面包	1 400	0.25			350
	生产蛋糕	1 000	0.25			250
	生产饼干	2 400	0.25			600
	小计	4 800	0.25	4 000	0.3	1 200
车间一般耗用				300	0.3	90
厂部耗用				700	0.3	210
合计				5 000	0.3	1 500

单位主管：王继法　　审核：　　会计：章　雨

（三）账簿的设置和登记

1. 实验目的

通过实验掌握账簿的设置与登记方法。

2. 实验要求

(1) 根据“记账凭证的填制和审核”中填制的审核无误的记账凭证涉及的账户，设置有关日记账、总分类账、明细分类账；

(2) 不考虑前后期交易或事项的发生的关联情况，自己设定有关账户的期初余额并登记；

(3) 根据“记账凭证的填制和审核”中填制的记账凭证正确登账；

(4) 进行账证核对，检查账簿记录是否正确。设当月只有这几笔交易或事项，用账结法对登记的账户结账，结账前试算平衡。

（四）错账更正

1. 实验目的

通过实验进一步理解和掌握错账更正方法。

2. 实验要求

(1) 根据下述实验资料进行凭证核对，账证核对，检查错误何在；

(2) 对于检查的错误，指出错误性质，说明应采用的更正方法；

(3) 用正确的错账更正方法更正存在的错误。

3. 实验资料(会计主体:美佳食品厂)

美佳食品厂 2011 年 6 月份“管理费用”总分类账户全部登记，今有五笔交易或事项的会计凭证，账簿登记情况如下(其他交易或事项经检查无误)。

(1) 支付第三、第四季度的财产保险费。

付 款 凭 证

总字 20 号

贷方科目：银行存款　　　　2011 年 6 月 10 日　　　　银付字 14 号

摘　要	借方科目		金额										记账符号
	总账科目	明细科目	千	百	十	万	千	百	十	元	角	分	
支付保险费	制造费用	财产保险费						6	0	0	0	0	
		转账付讫											
金　额　合　计													

附件 贰 张

会计主管：王继法　　记账：章　雨　　复核：施　珂　　出纳：李海存　　制证：肖　娅

中国人民保险公司郑州分公司
保 险 费 收 据

1　0876566

兹收到美佳食品厂(7～12 月份)

保险费金额(大写)：人民币陆仟元正　　　　¥6 000.00

系付财产保险费

中国人民保险公司郑州分公司 财务专用章

2011 年 6 月 3 日

主管：李　国　　　　复核：张晓民　　　　经办：呼延廷

中国工商银行
转账支票存根 （豫）

VI II 09532690

科　　目：

对方科目：

出票日期：2011年6月4日

收款人：中国人民保险公司郑州分公司	
金　额：6 000.00	
用　途：支付财产保险费	
备　注：	

单位主管　王继法　　　会计　章　雨

（2）以现金报销职工教育用书费。

付 款 凭 证

总字64号

贷方科目：库存现金　　　2011年6月17日　　　现付字25号

摘要	借方科目		金额										记账符号
	总账科目	明细科目	千	百	十	万	千	百	十	元	角	分	
支付书刊费	应付职工薪酬	职工教育经费						3	0	5	0	0	
金额合计													

现金付讫

附件壹张

会计主管：王继法　记账：章　雨　复核：施　珂　出纳：李海存　制证：肖　娅

河南省郑州市商业专用发票

国税　　　　全国统一发票监制章 豫郑州市 国家税务局监制　　　　发票代码：4101001012

发　票　联　　　　豫国字　1　　6258178

客户名称：美佳食品厂　　　　　　　　　　　　2011年6月17日

货号	品名规格	单位	数量	单价	金额							备注
					万	千	百	十	元	角	分	
	书	套	1	350			3	5	0	0	0	如果发现发票违章，请到国税机关举报或拨打举报电话：91591。举报有奖
合计人民币（大写）⊗万⊗仟叁佰伍拾零元零角零分				¥350.00								

②发票联

郑州财会书店 发票专用章 税号410104432156789

单位：（盖章）　　　　开票人：蔡　莲　　　　收款人：张来金

（3）以现金支付外宾招待费。

付 款 凭 证

总字72号

贷方科目：库存现金　　　　2011年6月20日　　　　现付字30号

摘要	借方科目		金额										记账符号
	总账科目	明细科目	千	百	十	万	千	百	十	元	角	分	
外宾住宿	管理费用	业务招待费					2	7	2	0	0	0	
金额合计													

现金付讫

附件壹张

会计主管：王继法　　记账：章　雨　　复核：施　珂　　出纳：李海存　　制证：肖　娅

河南省郑州市旅馆业专用发票

豫郑州市

全国统一发票监制章 豫郑州市 地方税务局监制

（24）
（2006）　　0876566

豫郑地税

发　票　联

单位：　　　　　　　　　　　　　　　　　　　　　　　　　　2011年6月16日

服务项目	房铺号	住宿日期				天数	人数	单价	金额						
		到店		离店											
		月	日	月	日				万	千	百	十	元	角	分
宿费						1	4	680.00		2	7	2	0	0	0
合计人民币（大写）⊗万贰仟柒佰贰拾零元零角零分									¥	2	7	2	0	0	0

②发票联

单位：（盖章）　郑州大自然宾馆 发票专用章 税号410104587656789　　开票人：　　收款人：

（4）开出转账支票支付轿车修理费。

付 款 凭 证

总字95号

贷方科目：银行存款　　　　2011年6月29日　　　　银付字36号

摘　要	借方科目		金额										记账符号
	总账科目	明细科目	千	百	十	万	千	百	十	元	角	分	
付修理费	管理费用	修理费					8	3	2	0	0	0	
金　额　合　计													

转账付讫

附件贰张

会计主管：王继法　　记账：章　雨　　复核：施　珂　　出纳：李海存　　制证：肖　娅

河南省郑州市机动车维修业统一发票

全国统一发票监制章 豫郑州市 地方税务局监制

(2006)

车属单位：美佳食品厂　　2011 年 6 月 21 日　　1　　0268198

工作单号	A-10	类　别		车牌型号	桑塔纳3000	入厂　年　月　日
修理别		车牌号	豫 A35831	送修人		出厂　年　月　日

总　工　时		小时	金	额						
附　凭　证	张　　数	结算项目	十	万	千	百	十	元	角	分
材料明细表		材料费				2	3	0	0	0
工　时　票		工　费			3	2	9	0	0	0
		管理费				3	0	0	0	0
合计金额(大写)⊗叁仟捌佰贰拾元整				¥	3	8	2	0	0	0

②发票联

业务部门(盖章)　河南路安汽车修理厂 业务专用章　　收款：刘晓杰　　制单：张继雨

中国工商银行
转账支票存根

(豫)

Ⅵ Ⅱ 09532709

科　　目：

对方科目：

出票日期：2011 年 6 月 27 日

收款人：	路安汽车修理厂
金　额：	3 820.00
用　途：	支付汽车修理费
备　注：	

单位主管　王继法　　　会计　章　雨

（5）以现金支付会议费。

付 款 凭 证

总字 96 号

贷方科目：库存现金　　　　2011 年 6 月 29 日　　　　现付字 35 号

摘要	借方科目		金额										记账符号
	总账科目	明细科目	千	百	十	万	千	百	十	元	角	分	
支付会议费	管理费用	其他						8	8	0	0	0	
金额合计													

现金付讫

附件壹张

会计主管：王继法　记账：章　雨　复核：施　珂　出纳：李海存　制证：肖　娅

河南省行政事业单位往来结算票据

收款日：2011 年 6 月 27 日　　　　1　　　　0067788

交款单位：美佳食品厂		支付方式		现　付									
			千	百	十	万	千	百	十	元	角	分	
人民币（大写）⊗捌佰捌拾元正							¥	8	8	0	0	0	
收款事由 会　议　费			收款单位 收款部门				河南省内贸局 行财处						
上述款项照数收讫无误 收款单位财会印鉴章 河南省内贸局 财务专用章	行政领导	会计主管	审核员	出纳员 孟海威			交款人 章喜照						

② 付款单位记账

总分类账户

账户名称：管理费用

2011年		凭证		摘要	借方								贷方								借或贷	余额							
月	日	字	号		十	万	千	百	十	元	角	分	十	万	千	百	十	元	角	分		十	万	千	百	十	元	角	分
6	3	转	2	差旅费			1	8	6	0	0	0																	
6	6	银付	5	电话费				2	1	0	0	0																	
	8	银付	9	水电费			1	2	0	0	0	0																	
	17	现付	25	书刊费				3	0	5	0	0																	
	20	现付	30	招待费			2	7	2	0	0	0																	
	24	现付	33	办公费				3	5	0	0	0																	
	27	转	10	分配工资			8	4	5	0	0	0																	
	29	银付	36	修理费			8	3	2	0	0	0																	
	29	现付	35	会议费				8	0	0	0	0																	

账户名称：库存现金

2011年		凭证		摘要	借方								贷方								借或贷	余额							
月	日	字	号		十	万	千	百	十	元	角	分	十	万	千	百	十	元	角	分		十	万	千	百	十	元	角	分
6	27			承前页			4	0	0	0	0	0			3	6	0	0	0	0	借			1	5	0	0	0	0
6	29	现付	35	会议费												8	0	0	0	0									

账户名称：银行存款

2011年		凭证		摘要	借方								贷方								借或贷	余额							
月	日	字	号		十	万	千	百	十	元	角	分	十	万	千	百	十	元	角	分		十	万	千	百	十	元	角	分
6	26			承前页		9	8	7	6	3	2	2		8	9	7	6	5	5	1	借		4	5	8	1	6	6	0
6	29	银付	36	修理费											8	3	2	0	0	0									

账户名称：制造费用

2011年		凭证		摘要	借方								贷方								借或贷	余额							
月	日	字	号		十	万	千	百	十	元	角	分	十	万	千	百	十	元	角	分		十	万	千	百	十	元	角	分
6	10	银付	14	支付保险费				6	0	0	0	0																	

四、基础会计综合实验

(一) 实验目的

通过实验,了解工业企业的经营概况,掌握有关账务的处理程序和特点,学会全面处理企业发生的交易或事项。

(二) 企业有关情况

1. 企业基本情况

企业名称:(河南)求知图书设备厂

开户银行:工商银行航海支行

账号:6018001056208

纳税人登记号:410104742545911

经济性质:国有

主要产品:藏书架

机构设置:厂部下设一个生产加工车间(该生产车间进行全部工艺流程的加工)

经营地址:青年路 2 号

工艺流程:下料(从仓库领取钢板进行切割)→冲压→折弯→表面磷化→喷漆→喷塑

会计核算组织:厂部一级核算

2. 有关人员

法定代表人:刘阳

财务主管:(实验指导教师)

会计:(实验人员)

出纳:李均

物资收发员:王伟

仓库保管员:张潮

3. 企业会计制度

会计核算执行《企业会计制度》的有关规定。

会计账务组织处理程序:记账凭证账务组织处理程序。

材料、产成品明细核算:设置一套材料明细账和产成品明细账。材料会计、商品收发均按实际成本计价。原材料发出成本按移动加权平均法计价,产成品发出成本按全月一次加权平均法计价。

成本核算:采用品种法。

4. 涉及的有关账户及 2010 年 11 月末相关余额如下表。

序　号	总 账 科 目 名 称	借　　方	贷　　方
	一、资产类		
1	库存现金	500	
2	银行存款	60 000	
3	应收账款——红光公司	110 000	
4	其他应收款		
5	原材料	500 000	
6	库存商品	2 010 000	
8	固定资产 *	3 900 000	
9	累计折旧 *		900 000
	二、负债类		
11	短期借款 *		
12	应付账款——实达公司		100 000
13	应付职工薪酬——工资		140 000
15	应交税费——应交增值税		14 000
	应交税费——应交城市维护建设税		980
16	应交税费——应交教育费附加		420
17	应付股利		
	三、所有者权益类		
19	实收资本 *		5 000 000
20	盈余公积 *		125 100
21	本年利润 *		300 000
22	利润分配——未分配利润		
	利润分配——提取法定盈余公积		
	利润分配——应付现金股利或利润		
	四、成本类		
23	生产成本		
24	制造费用		

（续表）

序号	总账科目名称	借方	贷方
	五、损益类		
25	主营业务收入 *		
26	主营业务成本 *		
27	营业税金及附加 *		
28	销售费用		
29	管理费用		
30	财务费用		
31	投资收益 *		
32	营业外收入 *		
33	营业外支出 *		
34	所得税费用 *		
	合计	6 580 500	6 580 500

（会计科目后加 * 号的可不设置明细账，实收资本、盈余公积、本年利润的余额等同于上年年末和本年年初的余额）

原材料及库存商品明细账期初余额表

材料名称	单位	数量	单价	金额
钢板	吨	130	3 500	455 000
油漆	千克	2 000	15	30 000
稀释剂	千克	1 000	10	10 000
螺钉(帽)	千克	250	20	5 000
合计				500 000
产品名称	单位	数量	单价	金额
藏书架	架	4 020	500	2 010 000

(三) 实验程序

实验程序是按《基础会计学》中所讲到的会计循环顺序进行的，实验时尤其要注意操作细节，培养认真、严谨的职业作风。具体程序是：

(1) 认真阅读本书第一、第二部分及附录 3，掌握有关实验要求、操作规程。

(2) 认真进行第三部分的专项实验，掌握和熟悉经济业务的实际会计处理操作要领。

(3) 阅读本部分(一)、(二)的内容，熟悉会计主体的有关情况。

(4) 建账。

① 在账簿扉页(账簿启用表)填写有关账簿启用的日期与账簿经管人员等资料。

② 开设账户。设置现金日记账、银行存款日记账、总账及明细账。明细账的账页格式分别为:数量金额式(原材料、库存商品);多栏式(生产成本、制造费用及期间费用);增值税专用明细账(应交增值税);三栏式(其余会计科目)。应收账款可仅设"红光公司"一个明细账;应付账款可仅设"实达公司"一个明细账。在处理业务过程中涉及的新账户,可按需要补充设置总账及明细账。

多栏式账页中各个专栏的设置。管理费用分别设置职工薪酬、办公费、差旅费、业务招待费、水电费、折旧费、其他共7栏;营业费用分别设置广告费、运输费、装卸费和其他共4栏;财务费用分别设置利息支出、手续费、其他共3栏;生产成本分别设置直接材料、直接人工和制造费用共3栏;制造费用分别设置材料、职工薪酬费、折旧费、水电费、其他共5栏。

③ 粘贴口取纸。要注意,使用口取纸时账户应当易辨认、易查找,账簿应当美观,使用口取纸不能代替账页上方的账户名称。

④ 填写账皮和目录,通常总账需填写目录,明细账需在账皮卡片上填写账簿中开设账户的名称。

(5) 处理日常经济业务。

(6) 对账、试算平衡。

(7) 结账。

(8) 编制会计报表。

(9) 装订会计凭证。

(四) 实验要求

(1) 依据第二部分已给定的总账、明细账、日记账的科目、账户(账页)格式、余额及所需账页数量,开设总账、明细账、日记账,并登记期初余额,然后装订同类明细账成册。

(2) 根据下述实验资料的业务,填制必要的原始凭证。

(3) 依据原始凭证编制记账凭证,并将相应的原始凭证附在记账凭证之后。

(4) 根据原始凭证和记账凭证,逐笔登记各种明细账和日记账。

(5) 根据记账凭证逐笔登记总账。

(6) 按指导教师要求编制定期的汇总记账凭证或科目汇总表。

(7) 期末结出总账和明细账发生额及余额。

(8) 编制试算平衡表。

(9) 编制会计报表(资产负债表、利润表、所有者权益变动表)。

(10) 指导教师要求进行的其他必要操作。

(五) 实验资料

河南求知图书设备厂 2010 年 12 月份发生的交易或事项如下(外来及部分自制原始凭证见附录 4,增值税率为 17%)。

(1) 12 月 1 日,向省图书馆销售书架 2 500 个,不含税价 600 元/个(下同),价税合计 1 755 000元已经收存银行。

(2) 12月2日，加工车间领用钢板50吨，单价3 500元/吨。

(3) 12月3日，向武汉钢厂购入1.22mm钢板100吨，不含税价3 000元/吨，另支付运输费用50 000元，按规定，外购固定资产或原材料时，若取得正规运输发票，可按运费金额的7%计算增值税进项税额。货款已通过银行支付，材料已验收入库。

(4) 12月3日，从银行提现140 000元用于发放上月工资，当日予以发放。

(5) 12月4日，上缴上月税金：增值税14 000元；城市维护建设税980元；教育费附加420元，以银行存款付讫。

(6) 12月5日，提取10 000元现金备用。

(7) 12月6日，本厂采购员杨珍出差预借款5 000元，以现金付讫。

(8) 12月7日，购入材料：螺钉、螺帽等共计50 000元，价税合计58 500元，以银行存款付讫。

(9) 12月8日，由于原有设备老化，新购入一台液压折弯机，规格WC67Y，价款120 000元，增值税税率17%，运输费用1 000元均以银行存款付讫。

(10) 12月9日，厂部购入一批办公用纸、笔墨，共计500元，以现金付讫。

(11) 12月11日，光华公司向求知图书设备厂投入资本，共计100 000元，已收存银行。

(12) 12月13日，向省电子科技大学图书馆销售书架500个，单价600元/个，价税合计351 000元收存银行。

(13) 12月14日，加工车间领用油漆90千克和稀释剂15千克，用于书架的喷漆。

(14) 12月15日，向银行借入为期3个月的流动资金周转贷款100 000元。

(15) 12月16日，支付给未来广告公司广告设计费2 000元。

(16) 12月17日，采购员杨珍出差归来，报销费用5 500元，并付给现金500元。

(17) 12月18日，加工车间领用材料（螺钉、螺帽）共计2 000元，用于制造书架。

(18) 12月20日，支付给本市聚仙阁酒店招待客人的100 000元餐费。

(19) 12月22日，向市农业技术学校图书馆销售书架500个，单价600元/个，价税合计351 000元收存银行。

(20) 12月23日，加工车间领用一批材料计2 080元，用于车间消耗。

(21) 12月24日，本企业用盈余公积10万元转增资本。

(22) 12月30日，完工书架480个，验收入库。

(23) 12月30日，转账支付电费，厂部用电1 000度，加工车间用电3 800度，单价0.5元/度。

(24) 12月30日，向省师范大学图书馆销售书架1 000个，600元/个，价税合计702 000元收存银行。

(25) 12月31日，分配本月工资：厂部72 000元，车间生产工人60 000元，车间管理人员8 000元。

(26) 12月31日，计提本月折旧：厂部固定资产计提6 000元，车间固定资产计提20 000元。

(27) 12月31日，结转本月制造费用和完工产品生产成本。

(28) 12月31日，结转已销售产品成本。

(29) 12月31日，计算本月应交城市维护建设税及教育费附加。

(30) 12 月 31 日，计算全年所得税费用。

(31) 12 月 31 日，当月收入、费用、成本及税金等账户结账。

(32) 12 月 31 日，按 10% 提取法定盈余公积，当年剩余利润全部分配给投资者。

(33) 12 月 31 日，结转本年利润至“利润分配——未分配利润”账户。

(34) 12 月 31 日，结转利润分配至“利润分配——未分配利润”账户。

五、附　录

附录1　会计基础工作规范

为了使基础会计实验与实际会计工作相一致，并符合有关规定和要求，掌握必要的财会规章是十分重要的，其中最重要的就是财政部颁布实施的《会计基础工作规范》。为此，我们以附录的形式将该规范收录于此，供大家学习掌握，并要求相关的实验操作都据此进行。

会计基础工作规范

（1996年6月17日财政部财会字[1996]19号文公布）

第一章　总　则

第一条　为了加强会计基础工作，建立规范的会计工作秩序，提高会计工作水平，根据《中华人民共和国会计法》的有关规定，制定本规范。

第二条　国家机关、社会团体、企业、事业单位、个体工商户和其他组织的会计基础工作，应当符合本规范的规定。

第三条　各单位应当依据有关法律、法规和本规范的规定，加强会计基础工作，严格执行会计法规制度，保证会计工作依法有序地进行。

第四条　单位领导人对本单位的会计基础工作负有领导责任。

第五条　各省、自治区、直辖市财政厅（局）要加强对会计基础工作的管理和指导，通过政策引导、经验交流、监督检查等措施，促进基层单位加强会计基础工作，不断提高会计工作水平。

国务院各业务主管部门根据职责权限管理本部门的会计基础工作。

第二章　会计机构和会计人员

第一节　会计机构设置和会计人员配备

第六条　各单位应当根据会计业务的需要设置会计机构；不具备单独设置会计机构条件的，应当在有关机构中配备专职会计人员。

事业行政单位会计机构的设置和会计人员的配备，应当符合国家统一事业行政单位会计制度的规定。

设置会计机构，应当配备会计机构负责人；在有关机构中配备专职会计人员，应当在专职会计人员中指定会计主管人员。

会计机构负责人、会计主管人员的任免，应当符合《中华人民共和国会计法》和有关法律的规定。

第七条 会计机构负责人、会计主管人员应当具备下列基本条件：

（一）坚持原则，廉洁奉公；

（二）具有会计专业技术资格；

（三）主管一个单位或者单位内一个重要方面的财务会计工作时间不少于二年；

（四）熟悉国家财经法律、法规、规章和方针、政策，掌握本行业业务管理的有关知识；

（五）有较强的组织能力；

（六）身体状况能够适应本职工作的要求。

第八条 没有设置会计机构和配备会计人员的单位，应当根据《代理记账管理暂行办法》委托会计师事务所或者持有代理记账许可证书的其他代理记账机构进行代理记账。

第九条 大、中型企业、事业单位、业务主管部门应当根据法律和国家有关规定设置总会计师。总会计师由具有会计师以上专业技术资格的人员担任。

总会计师行使《总会计师条例》规定的职责、权限。

总会计师的任命（聘任）、免职（解聘）依照《总会计师条例》和有关法律的规定办理。

第十条 各单位应当根据会计业务需要配备持有会计证的会计人员；未取得会计证的人员，不得从事会计工作。

第十一条 各单位应当根据会计业务需要设置会计工作岗位。会计工作岗位一般可分为：会计机构负责人或者会计主管人员，出纳，财产物资核算，工资核算，成本费用核算，财务成果核算，资金核算，往来结算，总账报表，稽核，档案管理等。开展会计电算化和管理会计的单位，可以根据需要设置相应工作岗位，也可以与其他工作岗位相结合。

第十二条 会计工作岗位，可以一人一岗，一人多岗或者一岗多人。但出纳人员不得兼管稽核、会计档案保管和收入、费用、债权债务账目的登记工作。

第十三条 会计人员的工作岗位应当有计划地进行轮换。

第十四条 会计人员应当具备必要的专业知识和专业技能，熟悉国家有关法律、法规、规章和国家统一会计制度，遵守职业道德。

会计人员应当按照国家有关规定参加会计业务的培训，各单位应当合理安排会计人员的培训，保证会计人员每年有一定时间用于学习和参加培训。

第十五条 各单位领导人应当支持会计机构、会计人员依法行使职权；对忠于职守，坚持原则，作出显著成绩的会计机构、会计人员，应当给予精神的和物质的奖励。

第十六条 国家机关、国有企业、事业单位任用会计人员应当实行回避制度。

单位领导人的直系亲属不得担任本单位的会计机构负责人、会计主管人员。会计机构负责人、会计主管人员的直系亲属不得在本单位会计机构中担任出纳工作。

需要回避的直系亲属为：夫妻关系、直系血亲关系、三代以内旁系血亲以及配偶亲关系。

第二节 会计人员职业道德

第十七条 会计人员在会计工作中应当遵守职业道德，树立良好的职业品质、严谨的工作作风，严守工作纪律，努力提高工作效率和工作质量。

第十八条 会计人员应当热爱本职工作，努力钻研业务，使自己的知识和技能适应所从事工作的要求。

第十九条 会计人员应当熟悉财经法律、法规、规章和国家统一会计制度，并结合会计工作进行广泛宣传。

第二十条 会计人员应当按照会计法律、法规和国家统一会计制度规定的程序和要求进行会计工作，保证所提供的会计信息合法、真实、准确、及时、完整。

第二十一条 会计人员办理会计事务应当实事求是、客观公正。

第二十二条 会计人员应当熟悉本单位的生产经营和业务管理情况，运用掌握的会计信息和会计方法，为改善单位内部管理、提高经济效益服务。

第二十三条 会计人员应当保守本单位的商业秘密。除法律规定和单位领导人同意外，不能私自向外界提供或者泄露单位的会计信息。

第二十四条 财政部门、业务主管部门和各单位应当定期检查会计人员遵守职业道德的情况，并作为会计人员晋升、晋级、聘任专业职务、表彰奖励的重要考核依据。

会计人员违反职业道德的，由所在单位进行处罚；情节严重的，由会计证发证机关吊销其会计证。

第三节 会计工作交接

第二十五条 会计人员工作调动或者因故离职，必须将本人所经管的会计工作全部移交给接替人员。没有办清交接手续的，不得调动或者离职。

第二十六条 接替人员应当认真接管移交工作，并继续办理移交的未了事项。

第二十七条 会计人员办理移交手续前，必须及时做好以下工作：

（一）已经受理的经济业务尚未填制会计凭证的，应当填制完毕。

（二）尚未登记的账目，应当登记完毕，并在最后一笔余额后加盖经办人员印章。

（三）整理应该移交的各项资料，对未了事项写出书面材料。

（四）编制移交清册，列明应当移交的会计凭证、会计账簿、会计报表、印章、现金、有价证券、支票簿、发票、文件、其他会计资料和物品等内容；实行会计电算化的单位，从事该项工作的移交人员还应当在移交清册中列明会计软件及密码、会计软件数据磁盘（磁带等）及有关资料、实物等内容。

第二十八条 会计人员办理交接手续，必须有监交人负责监交。一般会计人员交接，由单位会计机构负责人、会计主管人员负责监交；会计机构负责人、会计主管人员交接，由单位领导人负责监交，必要时可由上级主管部门派人会同监交。

第二十九条 移交人员在办理移交时，要按移交清册逐项移交；接替人员要逐项核对点收。

（一）现金、有价证券要根据会计账簿有关记录进行点交。库存现金、有价证券必须与会计账簿记录保持一致。不一致时，移交人员必须限期查清。

（二）会计凭证、会计账簿、会计报表和其他会计资料必须完整无缺。如有短缺，必须查清原因，并在移交清册中注明，由移交人员负责。

（三）银行存款账户余额要与银行对账单核对，如不一致，应当编制银行存款余额调节表调节相符，各种财产物资和债权债务的明细账户余额要与总账有关账户余额核对相符；必要时，要抽查个别账户的余额，与实物核对相符，或者与往来单位、个人核对清楚。

（四）移交人员经管的票据、印章和其他实物等，必须交接清楚；移交人员从事会计电算化工作的，要对有关电子数据在实际操作状态下进行交接。

第三十条　会计机构负责人、会计主管人员移交时，还必须将全部财务会计工作、重大财务收支和会计人员的情况等，向接替人员详细介绍。对需要移交的遗留问题，应当写出书面材料。

第三十一条　交接完毕后，交接双方和监交人员要在移交清册上签名或者盖章。并应在移交清册上注明：单位名称，交接日期，交接双方和监交人员的职务、姓名，移交清册页数以及需要说明的问题和意见等。

移交清册一般应当填制一式三份，交接双方各执一份，存档一份。

第三十二条　接替人员应当继续使用移交的会计账簿，不得自行另立新账，以保持会计记录的连续性。

第三十三条　会计人员临时离职或者因病不能工作且需要接替或者代理的，会计机构负责人、会计主管人员或者单位领导人必须指定有关人员接替或者代理，并办理交接手续。

临时离职或者因病不能工作的会计人员恢复工作的，应当与接替或者代理人员办理交接手续。

移交人员因病或者其他特殊原因不能亲自办理移交的，经单位领导人批准，可由移交人员委托他人代办移交，但委托人应当承担本规范第三十五条规定的责任。

第三十四条　单位撤销时，必须留有必要的会计人员，会同有关人员办理清理工作，编制决算。未移交前，不得离职。接收单位和移交日期由主管部门确定。

单位合并、分立的，其会计工作交接手续比照上述有关规定办理。

第三十五条　移交人员对所移交的会计凭证、会计账簿、会计报表和其他有关资料的合法性、真实性承担法律责任。

第三章　会 计 核 算

第一节　会计核算一般要求

第三十六条　各单位应当按照《中华人民共和国会计法》和国家统一会计制度的规定建立会计账册，进行会计核算，及时提供合法、真实、准确、完整的会计信息。

第三十七条　各单位发生的下列事项，应当及时办理会计手续，进行会计核算：

（一）款项和有价证券的收付；

（二）财物的收发、增减和使用；

（三）债权债务的发生和结算；

（四）资本、基金的增减；

（五）收入、支出、费用、成本的计算；

（六）财务成果的计算和处理；

（七）其他需要办理会计手续、进行会计核算的事项。

第三十八条 各单位的会计核算应当以实际发生的经济业务为依据，按照规定的会计处理方法进行，保证会计指标的口径一致、相互可比和会计处理方法的前后各期相一致。

第三十九条 会计年度自公历一月一日起至十二月三十一日止。

第四十条 会计核算以人民币为记账本位币。

收支业务以外国货币为主的单位，也可以选定某种外国货币作为记账本位币，但是编制的会计报表应当折算为人民币反映。

境外单位向国内有关部门编报的会计报表，应当折算为人民币反映。

第四十一条 各单位根据国家统一会计制度的要求，在不影响会计核算要求、会计报表指标汇总和对外统一会计报表的前提下，可以根据实际情况自行设置和使用会计科目。

事业行政单位会计科目的设置和使用，应当符合国家统一事业行政单位会计制度的规定。

第四十二条 会计凭证、会计账簿、会计报表和其他会计资料的内容和要求必须符合国家统一会计制度的规定，不得伪造、变造会计凭证和会计账簿，不得设置账外账，不得报送虚假会计报表。

第四十三条 各单位对外报送的会计报表格式由财政部统一规定。

第四十四条 实行会计电算化的单位，对使用的会计软件及其生成的会计凭证、会计账簿、会计报表和其他会计资料的要求，应当符合财政部关于会计电算化的有关规定。

第四十五条 各单位的会计凭证、会计账簿、会计报表和其他会计资料，应当建立档案，妥善保管。会计档案建档要求、保管期限、销毁办法等依据《会计档案管理办法》的规定进行。

实行会计电算化的单位，有关电子数据、会计软件资料等应当作为会计档案进行管理。

第四十六条 会计记录的文字应当使用中文，少数民族自治地区可以同时使用少数民族文字。中国境内的外商投资企业、外国企业和其他外国经济组织也可以同时使用某种外国文字。

第二节　填制会计凭证

第四十七条 各单位办理本规范第三十七条规定的事项，必须取得或者填制原始凭证，并及时送交会计机构。

第四十八条 原始凭证的基本要求是：

（一）原始凭证的内容必须具备：凭证的名称；填制凭证的日期；填制凭证单位名称或者填制人姓名；经办人员的签名或者盖章；接受凭证单位名称；经济业务内容；数量、单价和金额。

（二）从外单位取得的原始凭证，必须盖有填制单位的公章；从个人取得的原始凭证，必须有填制人员的签名或者盖章。自制原始凭证必须有经办单位领导人或者其指定的人员签名或者盖章。对外开出的原始凭证，必须加盖本单位公章。

（三）凡填有大写和小写金额的原始凭证，大写与小写金额必须相符。购买实物的原始凭证，必须有验收证明。支付款项的原始凭证，必须有收款单位和收款人的收款证明。

（四）一式几联的原始凭证，应当注明各联的用途，只能以一联作为报销凭证。

一式几联的发票和收据，必须用双面复写纸（发票和收据本身具备复写纸功能的除外）套写，并连续编号。作废时应当加盖“作废”戳记，连同存根一起保存，不得撕毁。

（五）发生销货退回的，除填制退货发票外，还必须有退货验收证明；退款时，必须取得对方的收款收据或者汇款银行的凭证，不得以退货发票代替收据。

（六）职工公出借款凭据，必须附在记账凭证之后。收回借款时，应当另开收据或者退还借据副本，不得退还原借款收据。

（七）经上级有关部门批准的经济业务，应当将批准文件作为原始凭证附件。如果批准文件需要单独归档的，应当在凭证上注明批准机关名称、日期和文件字号。

第四十九条 原始凭证不得涂改、挖补。发现原始凭证有错误的，应当由开出单位重开或者更正，更正处应当加盖开出单位的公章。

第五十条 会计机构、会计人员要根据审核无误的原始凭证填制记账凭证。

记账凭证可以分为收款凭证、付款凭证和转账凭证，也可以使用通用记账凭证。

第五十一条 记账凭证的基本要求是：

（一）记账凭证的内容必须具备：填制凭证的日期；凭证编号；经济业务摘要；会计科目；金额；所附原始凭证张数；填制凭证人员、稽核人员、记账人员、会计机构负责人、会计主管人员签名或者盖章。收款和付款记账凭证还应当由出纳人员签名或者盖章。

以自制的原始凭证或者原始凭证汇总表代替记账凭证的，也必须具备记账凭证应有的项目。

（二）填制记账凭证时，应当对记账凭证进行连续编号。一笔经济业务需要填制两张以上记账凭证的，可以采用分数编号法编号。

（三）记账凭证可以根据每一张原始凭证填制，或者根据若干张同类原始凭证汇总填制，也可以根据原始凭证汇总表填制。但不得将不同内容和类别的原始凭证汇总填制在一张记账凭证上。

（四）除结账和更正错误的记账凭证可以不附原始凭证外，其他记账凭证必须附有原始凭证。如果一张原始凭证涉及几张记账凭证，可以把原始凭证附在一张主要的记账凭证后面，并在其他记账凭证上注明附有该原始凭证的记账凭证的编号或者附原始凭证复印件。

一张原始凭证所列支出需要几个单位共同负担的，应当将其他单位负担的部分，开给对方原始凭证分割单，进行结算。原始凭证分割单必须具备原始凭证的基本内容：凭证名称、填制凭证日期、填制凭证单位名称或者填制人姓名、经办人的签名或者盖章。接受凭证单位名称、经济业务内容、数量、单价、金额和费用分摊情况等。

（五）如果在填制记账凭证时发生错误，应当重新填制。

已经登记入账的记账凭证，在当年内发现填写错误时，可以用红字填写一张与原内容相同的记账凭证，在摘要栏注明“注销某月某日某号凭证”字样，同时再用蓝字重新填制一张正确的记账凭证，注明“订正某月某日某号凭证”字样。如果会计科目没有错误，只是金额错误，也可以将正确数字与错误数字之间的差额，另编一张调整的记账凭证，调增金额用蓝字，调减金额用红字。发现以前年度记账凭证有错误的，应当用蓝字填制一张更正的记账凭证。

（六）记账凭证填制完经济业务事项后，如有空行，应当自金额栏最后一笔金额数字下的空行处至合计数上的空行处划线注销。

第五十二条 填制会计凭证，字迹必须清晰、工整，并符合下列要求：

（一）阿拉伯数字应当一个一个地写，不得连笔写。阿拉伯数字金额前面应当书写货币币种符号或者货币名称简写和币种符号。币种符号与阿拉伯金额数字之间不得留有空白。凡阿拉伯数字前写有币种符号的，数字后面不再写货币单位。

（二）所有以元为单位（其他货币种类为货币基本单位，下同）的阿拉伯数字，除表示单价等情况外，一律填写到角分；无角分的，角位和分位可写“00”，或者符号“—”；有角无分的，分位应当写“0”，不得用符号“—”代替。

（三）汉字大写数字金额如零、壹、贰、叁、肆、伍、陆、柒、捌、玖、拾、佰、仟、万、亿等，一律用正楷或者行书体书写，不得用〇、一、二、三、四、五、六、七、八、九、十等简化字代替，不得任意自造简化字。大写金额数字到元或者角为止的，在“元”或者“角”字之后应当写“整”字或者“正”字；大写金额数字有分的，分字后面不写“整”或者“正”字。

（四）大写金额数字前未印有货币名称的，应当加填货币名称，货币名称与金额数字之间不得留有空白。

（五）阿拉伯数字金额中间有“0”时，汉字大写金额要写“零”字；阿拉伯数字金额中间连续有几个“0”时，汉字大写金额中可以只写一个“零”字；阿拉伯数字金额元位是“0”，或者数字中间连续有几个“0”、元位也是“0”但角位不是“0”时，汉字大写金额可以只写一个“零”字，也可以不写“零”字。

第五十三条 实行会计电算化的单位，对于机制记账凭证，要认真审核，做到会计科目使用正确，数字准确无误。打印出的机制记账凭证要加盖制单人员、审核人员、记账人员及会计机构负责人、会计主管人员印章或者签字。

第五十四条 各单位会计凭证的传递程序应当科学、合理，具体办法由各单位根据会计业务需要自行规定。

第五十五条 会计机构、会计人员要妥善保管会计凭证。

（一）会计凭证应当及时传递，不得积压。

（二）会计凭证登记完毕后，应当按照分类和编号顺序保管，不得散乱丢失。

（三）记账凭证应当连同所附的原始凭证或者原始凭证汇总表，按照编号顺序，折叠整齐，按期装订成册，并加具封面，注明单位名称、年度、月份和起讫日期、凭证种类、起讫号码，由装订人在装订线封签处签名或者盖章。

对于数量过多的原始凭证，可以单独装订保管，在封面上注明记账凭证日期、编号、种类，同时在记账凭证上注明“附件另订”和原始凭证名称及编号。

各种经济合同、存出保证金收据以及涉外文件等重要原始凭证，应当另编目录，单独登记保管，并在有关的记账凭证和原始凭证上相互注明日期和编号。

（四）原始凭证不得外借，其他单位如因特殊原因需要使用原始凭证时，经本单位会计机构负责人、会计主管人员批准，可以复制。向外单位提供的原始凭证复制件，应当在专设的登记簿上登记，并由提供人员和收取人员共同签名或者盖章。

（五）从外单位取得的原始凭证如有遗失，应当取得原开出单位盖有公章的证明，并注明原来凭证的号码、金额和内容等，由经办单位会计机构负责人、会计主管人员和单位领导人批准后，才能代作原始凭证。如果确实无法取得证明的，如火车，轮船、飞机票等凭证，由当事人写出详细情况，由经办单位会计机构负责人、会计主管人员和单位领导人批准后，代作原始凭证。

第三节　登记会计账簿

第五十六条　各单位应当按照国家统一会计制度的规定和会计业务的需要设置会计账簿。会计账簿包括总账、明细账、日记账和其他辅助性账簿。

第五十七条　现金日记账和银行存款日记账必须采用订本式账簿。不得用银行对账单或者其他方法代替日记账。

第五十八条　实行会计电算化的单位,用计算机打印的会计账簿必须连续编号,经审核无误后装订成册,并由记账人员和会计机构负责人、会计主管人员签字或者盖章。

第五十九条　启用会计账簿时,应当在账簿封面上写明单位名称和账簿名称。在账簿扉页上应当附启用表,内容包括:启用日期、账簿页数、记账人员和会计机构负责人、会计主管人员姓名,并加盖名章和单位公章。记账人员或者会计机构负责人、会计主管人员调动工作时,应当注明交接日期、接办人员或者监交人员姓名,并由交接双方人员签名或者盖章。

启用订本式账簿,应当从第一页到最后一页顺序编定页数,不得跳页、缺号。使用活页式账页,应当按账户顺序编号,并须定期装订成册。装订后再按实际使用的账页顺序编定页码。另加目录,记明每个账户的名称和页次。

第六十条　会计人员应当根据审核无误的会计凭证登记会计账簿。登记账簿的基本要求是:

(一) 登记会计账簿时,应当将会计凭证日期、编号、业务内容摘要、金额和其他有关资料逐项记入账内,做到数字准确、摘要清楚、登记及时、字迹工整。

(二) 登记完毕后,要在记账凭证上签名或者盖章,并注明已经登账的符号,表示已经记账。

(三) 账簿中书写的文字和数字上面要留有适当空格,不要写满格,一般应占格距的二分之一。

(四) 登记账簿要用蓝黑墨水或者碳素墨水书写,不得使用圆珠笔(银行的复写账簿除外)或者铅笔书写。

(五) 下列情况,可以用红色墨水记账:

1. 按照红字冲账的记账凭证,冲销错误记录;
2. 在不设借贷等栏的多栏式账页中,登记减少数;
3. 在三栏式账户的余额栏前,如未印明余额方向的,在余额栏内登记负数余额;
4. 根据国家统一会计制度的规定可以用红字登记的其他会计记录。

(六) 各种账簿按页次顺序连续登记,不得跳行、隔页。如果发生跳行、隔页,应当将空行、空页划线注销,或者注明“此行空白”、“此页空白”字样,并由记账人员签名或者盖章。

(七) 凡需要结出余额的账户,结出余额后,应当在“借或贷”等栏内写明“借”或者“贷”等字样。没有余额的账户,应当在“借或贷”等栏内写“平”字,并在余额栏内用“θ”表示。

现金日记账和银行存款日记账必须逐日结出余额。

(八) 每一账页登记完毕结转下页时,应当结出本页合计数及余额,写在本页最后一行和下页第一行有关栏内,并在摘要栏内注明“过次页”和“承前页”字样;也可以将本页合计数及金额只写在下页第一行有关栏内,并在摘要栏内注明“承前页”字样。

对需要结计本月发生额的账户,结计“过次页”的本页合计数应当为自本月初起至本页末止的发生额合计数；对需要结计本年累计发生额的账户，结计“过次页”的本页合计数应当为自年初起至本页末止的累计数；对既不需要结计本月发生额也不需要结计本年累计发生额的账户，可以只将每页末的余额结转次页。

第六十一条 实行会计电算化的单位，总账和明细账应当定期打印。

发生收款和付款业务的，在输入收款凭证和付款凭证的当天必须打印出现金日记账和银行存款日记账，并与库存现金核对无误。

第六十二条 账簿记录发生错误，不准涂改、挖补、刮擦或者用药水消除字迹，不准重新抄写，必须按照下列方法进行更正：

（一）登记账簿时发生错误，应当将错误的文字或者数字划红线注销，但必须使原有字迹仍可辨认；然后在划线上方填写正确的文字或者数字，并由记账人员在更正处盖章。对于错误的数字，应当全部划红线更正，不得只更正其中的错误数字。对于文字错误，可只划去错误的部分。

（二）由于记账凭证错误而使账簿记录发生错误，应当按更正的记账凭证登记账簿。

第六十三条 各单位应当定期对会计账簿记录的有关数字与库存实物、货币资金、有价证券、往来单位或者个人等进行相互核对，保证账证相符、账账相符、账实相符。对账工作每年至少进行一次。

（一）账证核对。核对会计账簿记录与原始凭证、记账凭证的时间、凭证字号、内容、金额是否一致，记账方向是否相符。

（二）账账核对。核对不同会计账簿之间的账簿记录是否相符，包括：总账有关账户的余额核对，总账与明细账核对，总账与日记账核对，会计部门的财产物资明细账与财产物资保管和使用部门的有关明细账核对等。

（三）账实核对。核对会计账簿记录与财产等实有数额是否相符。包括：现金日记账账面余额与现金实际库存数相核对；银行存款日记账账面余额定期与银行对账单相核对；各种财物明细账账面余额与财物实存数额相核对；各种应收、应付款明细账账面余额与有关债务、债权单位或者个人核对等。

第六十四条 各单位应当按照规定定期结账。

（一）结账前，必须将本期内所发生的各项经济业务全部登记入账。

（二）结账时，应当结出每个账户的期末余额。需要结出当月发生额的，应当在摘要栏内注明“本月合计”字样，并在下面通栏划单红线。需要结出本年累计发生额的，应当在摘要栏内注明“本年累计”字样，并在下面通栏划单红线；十二月末的“本年累计”就是全年累计发生额。全年累计发生额下面应当通栏划双红线。年度终了结账时，所有总账账户都应当结出全年发生额和年末余额。

（三）年度终了，要把各账户的余额结转到下一会计年度，并在摘要栏注明“结转下年”字样；在下一会计年度新建有关会计账簿的第一行余额栏内填写上年结转的余额，并在摘要栏注明“上年结转”字样。

第四节　编制财务报告

第六十五条 各单位必须按照国家统一会计制度的规定，定期编制财务报告。

财务报告包括会计报表及其说明。会计报表包括会计报表主表、会计报表附表、会计报表附注。

第六十六条 各单位对外报送的财务报告应当根据国家统一会计制度规定的格式和要求编制。

单位内部使用的财务报告，其格式和要求由各单位自行规定。

第六十七条 会计报表应当根据登记完整、核对无误的会计账簿记录和其他有关资料编制，做到数字真实、计算准确、内容完整、说明清楚。

任何人不得篡改或者授意、指使、强令他人篡改会计报表的有关数字。

第六十八条 会计报表之间、会计报表各项目之间，凡有对应关系的数字，应当相互一致。本期会计报表与上期会计报表之间有关的数字应当相互衔接。如果不同会计年度会计报表中各项目的内容和核算方法有变更的，应当在年度会计报表中加以说明。

第六十九条 各单位应当按照国家统一会计制度的规定认真编写会计报表附注及其说明，做到项目齐全，内容完整。

第七十条 各单位应当按照国家规定的期限对外报送财务报告。

对外报送的财务报告，应当依次编定页码，加具封面，装订成册，加盖公章。封面上应当注明：单位名称，单位地址，财务报告所属年度，季度、月度，送出日期，并由单位领导人、总会计师、会计机构负责人、会计主管人员签名或者盖章。

单位领导人对财务报告的合法性、真实性负法律责任。

第七十一条 根据法律和国家有关规定应当对财务报告进行审计的，财务报告编制单位应当先行委托注册会计师进行审计，并将注册会计师出具的审计报告随同财务报告按照规定的期限报送有关部门。

第七十二条 如果发现对外报送的财务报告有错误，应当及时办理更正手续。除更正本单位留存的财务报告外，并应同时通知接受财务报告的单位更正。错误较多的，应当重新编报。

第四章　会 计 监 督

第七十三条 各单位的会计机构、会计人员对本单位的经济活动进行会计监督。

第七十四条 会计机构、会计人员进行会计监督的依据是：

（一）财经法律、法规、规章；

（二）会计法律、法规和国家统一会计制度；

（三）各省、自治区、直辖市财政厅（局）和国务院业务主管部门根据《中华人民共和国会计法》和国家统一会计制度制定的具体实施办法或者补充规定；

（四）各单位根据《中华人民共和国会计法》和国家统一会计制度制定的单位内部会计管理制度；

（五）各单位内部的预算、财务计划、经济计划、业务计划等。

第七十五条 会计机构、会计人员应当对原始凭证进行审核和监督。

对不真实、不合法的原始凭证，不予受理。对弄虚作假、严重违法的原始凭证，在不予受理的同时，应当予以扣留，并及时向单位领导人报告，请求查明原因，追究当事人的责任。

对记载不准确、不完整的原始凭证，予以退回，要求经办人员更正、补充。

第七十六条 会计机构、会计人员对伪造、变造、故意毁灭会计账簿或者账外设账行为，应当制止和纠正；制止和纠正无效的，应当向上级主管单位报告，请求作出处理。

第七十七条 会计机构、会计人员应当对实物、款项进行监督，督促建立并严格执行财产清查制度。发现账簿记录与实物、款项不符时，应当按照国家有关规定进行处理。超出会计机构、会计人员职权范围的，应当立即向本单位领导报告，请求查明原因，作出处理。

第七十八条 会计机构、会计人员对指使、强令编造、篡改财务报告行为，应当制止和纠正；制止和纠正无效的，应当向上级主管单位报告，请求处理。

第七十九条 会计机构、会计人员应当对财务收支进行监督。

（一）对审批手续不全的财务收支，应当退回，要求补充、更正。

（二）对违反规定不纳入单位统一会计核算的财务收支，应当制止和纠正。

（三）对违反国家统一的财政、财务、会计制度规定的财务收支，不予办理。

（四）对认为是违反国家统一的财政、财务、会计制度规定的财务收支，应当制止和纠正；制止和纠正无效的，应当向单位领导人提出书面意见请求处理。

单位领导人应当在接到书面意见起十日内作出书面决定，并对决定承担责任。

（五）对违反国家统一的财政、财务、会计制度规定的财务收支，不予制止和纠正，又不向单位领导人提出书面意见的，也应当承担责任。

（六）对严重违反国家利益和社会公众利益的财务收支，应当向主管单位或者财政、审计、税务机关报告。

第八十条 会计机构、会计人员对违反单位内部会计管理制度的经济活动，应当制止和纠正；制止和纠正无效的，向单位领导人报告，请求处理。

第八十一条 会计机构、会计人员应当对单位制定的预算、财务计划、经济计划、业务计划的执行情况进行监督。

第八十二条 各单位必须依照法律和国家有关规定接受财政、审计、税务等机关的监督，如实提供会计凭证、会计账簿、会计报表和其他会计资料以及有关情况，不得拒绝、隐匿、谎报。

第八十三条 按照法律规定应当委托注册会计师进行审计的单位，应当委托注册会计师进行审计，并配合注册会计师的工作，如实提供会计凭证、会计账簿、会计报表和其他会计资料以及有关情况，不得拒绝、隐匿、谎报，不得示意注册会计师出具不当的审计报告。

第五章 内部会计管理制度

第八十四条 各单位应当根据《中华人民共和国会计法》和国家统一会计制度的规定，结合单位类型和内部管理的需要，建立健全相应的内部会计管理制度。

第八十五条 各单位制定内部会计管理制度应当遵循下列原则：

（一）应当执行法律、法规和国家统一的财务会计制度。

（二）应当体现本单位的生产经营、业务管理的特点和要求。

（三）应当全面规范本单位的各项会计工作，建立健全会计基础，保证会计工作的有序进行。

（四）应当科学、合理，便于操作和执行。

（五）应当定期检查执行情况。

（六）应当根据管理需要和执行中的问题不断完善。

第八十六条 各单位应当建立内部会计管理体系。主要内容包括：单位领导人、总会计师对会计工作的领导职责；会计部门及其会计机构负责人、会计主管人员的职责、权限；会计部门与其他职能部门的关系；会计核算的组织形式等。

第八十七条 各单位应当建立会计人员岗位责任制度。主要内容包括:会计人员的工作岗位设置;各会计工作岗位的职责和标准;各会计工作岗位的人员和具体分工;会计工作岗位轮换办法;对各会计工作岗位的考核办法。

第八十八条 各单位应当建立账务处理程序制度。主要内容包括:会计科目及其明细科目的设置和使用;会计凭证的格式、审核要求和传递程序;会计核算方法;会计账簿的设置;编制会计报表的种类和要求;单位会计指标体系。

第八十九条 各单位应当建立内部牵制制度。主要内容包括:内部牵制制度的原则;组织分工;出纳岗位的职责和限制条件;有关岗位的职责和权限。

第九十条 各单位应当建立稽核制度。主要内容包括:稽核工作的组织形式和具体分工;稽核工作的职责、权限;审核会计凭证和复核会计账簿、会计报表的方法。

第九十一条 各单位应当建立原始记录管理制度。主要内容包括:原始记录的内容和填制方法;原始记录的格式;原始记录的审核;原始记录填制人的责任;原始记录签署、传递、汇集要求。

第九十二条 各单位应当建立定额管理制度。主要内容包括:定额管理的范围;制定和修订定额的依据、程序和方法;定额的执行;定额考核和奖惩办法等。

第九十三条 各单位应当建立计量验收制度。主要内容包括:计量检测手段和方法;计量验收管理的要求;计量验收人员的责任和奖惩办法。

第九十四条 各单位应当建立财产清查制度。主要内容包括:财产清查的范围;财产清查的组织;财产清查的期限和方法;对财产清查中发现问题的处理办法;对财产管理人员的奖惩办法。

第九十五条 各单位应当建立财务收支审批制度。主要内容包括:财务收支审批人员和审批权限;财务收支审批程序;财务收支审批人员的责任。

第九十六条 实行成本核算的单位应当建立成本核算制度。主要内容包括:成本核算的对象;成本核算的方法和程序;成本分析等。

第九十七条 各单位应当建立财务会计分析制度。主要内容包括:财务会计分析的主要内容;财务会计分析的基本要求和组织程序;财务会计分析的具体方法;财务会计分析报告的编写要求等。

第六章 附 则

第九十八条 本规范所称国家统一会计制度,是指由财政部制定、或者财政部与国务院有关部门联合制定、或者经财政部审核批准的在全国范围内统一执行的会计规章、准则、办法等规范性文件。

本规范所称会计主管人员,是指不设置会计机构、只在其他机构中设置专职会计人员的单位行使会计机构负责人职权的人员。

本规范第三章第二节和第三节关于填制会计凭证、登记会计账簿的规定,除特别指出外,一般适用于手工记账。实行会计电算化的单位,填制会计凭证和登记会计账簿的有关要求,应当符合财政部关于会计电算化的有关规定。

第九十九条 各省、自治区、直辖市财政厅(局)、国务院各业务主管部门可以根据本规范的原则,结合本地区、本部门的具体情况,制定具体实施办法,报财政部备案。

第一百条 本规范由财政部负责解释、修改。

第一百零一条 本规范自公布之日起实施。1984 年 4 月 24 日财政部发布的《会计人员工作规则》同时废止。

附录 2 实验主要参考数据

在考虑实验中必要作废损耗的基础上，这里给出了每个实验人员进行本实验所需的凭证、账页等相关材料。至于文具、算盘等，则是实验开始以前实验室必须准备好的，而各实验室不同，情况也可以有所不同，就像不同单位的会计部门的办公条件就有所不同一样，故在此不作列示。同时本附录还给出了综合实验的部分关键指标数字，以期实验能够顺利进行。

(1) 实验所需材料。

序　号	材 料 名 称	单　位	数　量	备　　注
1	收款凭证	张	10	
2	付款凭证	张	25	
3	转账凭证	张	25	
4	科目汇总表	张	2	
5	现金日记账	张	2	实验中以活页日记账代替订本式日记账
6	银行存款日记账	张	2	
7	三栏式明细账	张	25	
8	数量金额式明细账	张	5	
9	多栏式明细账	张	6	最好用 8 栏式
10	应交增值税明细账	张	1	通栏大张
11	口取纸	张	1	
12	账簿启用表	张	1	
13	凭证封面	张	1	或 1 套
14	活页账封皮	套	1	含账钉
15	总账	本	1	

(2) 综合实验部分报告期末关键指标数字。

资产总计 6 497 212.00；

流动负债合计 1 227 628.69；

本月制造费用合计 31 980.00；

本月产品生产成本 270 480.00；

本月管理费用合计 184 500.00；

12 月利润总额 195 507.8；

本年累计净利润 446 630.85；

本年可供向投资者分配的利润 400 349.79。

附录3　专项实验部分凭证

本附录给出了专项实验中所需要填制的空白原始凭证。考虑到实验者都是初次填制有关凭证，难免出错，所以都给出了双份的空白凭证。所给凭证的顺序与“原始凭证的填制和审核”中的“原始凭证填制的有关资料”的业务顺序相同。

收　料　单

年　　月　　日　　　　　　　　　　No.

供应者：						年　月　日收到										
编号	材料名称	规　格	送验数量	实收数量	单位	单　价	金　　额									备　注
							百	十	万	千	百	十	元	角	分	
附单据　　　　张			合　　计													

第二联　送会计部门

主管：　　　会计：　　　经手人：　　　复核：　　　验收：

收　料　单

年　　月　　日　　　　　　　　　　No.

供应者：						年　月　日收到										
编号	材料名称	规　格	送验数量	实收数量	单位	单　价	金　　额									备　注
							百	十	万	千	百	十	元	角	分	
附单据　　　　张			合　　计													

第二联　送会计部门

主管：　　　会计：　　　经手人：　　　复核：　　　验收：

中国工商银行

转账支票存根(豫)

ⅥⅡ07352609

科　　目______________

对方科目______________

出票日期：　年　月　日

收款人：
金　额：
用　途：

单位主管　　　会计

本支票付款期限十天

中国工商银行　**转账支票**

(豫)河南　ⅥⅡ07352609

出票日期(大写)　　　　年　　月　　日　　　　付款行名称：

收款人：　　　　　　　　　　　　　　　　　　出票人账号：

人民币（大写）	千	百	十	万	千	百	十	元	角	分

用途______________　　　　支付密码

科目(借)

上列款项请从　　对方科目(贷)

我账户内支付　　付讫日期　　年　　月　　日

出票人签章　　复核　　　　记账

花支纬三分

无密码无效

中国工商银行

转账支票存根(豫)

ⅥⅡ07352609

科　　目______________

对方科目______________

出票日期：　年　月　日

收款人：
金　额：
用　途：

单位主管　　　会计

本支票付款期限十天

中国工商银行　**转账支票**

(豫)河南　ⅥⅡ07352609

出票日期(大写)　　　　年　　月　　日　　　　付款行名称：

收款人：　　　　　　　　　　　　　　　　　　出票人账号：

人民币（大写）	千	百	十	万	千	百	十	元	角	分

用途______________　　　　支付密码

科目(借)

上列款项请从　　对方科目(贷)

我账户内支付　　付讫日期　　年　　月　　日

出票人签章　　复核　　　　记账

花支纬三分

无密码无效

国税

河南省郑州市工业专用发票

全国统一发票监制章 豫郑州市 国家税务局监制

发票联

发票代码：4101001011

豫国字 No. 9288118

客户名称：　　　　　　　　　　　　　　　　　　年　　月　　日

货　号	品名规格	单　位	数　量	单　价								备　　注
					万	千	百	十	元	角	分	
												如果发现发票违章，请到国税机关举报或拨打举报电话：91591。举报有奖
合计人民币(大写)　万　仟　佰　拾　元　角　分　¥												

②发票联

单位：(盖章)　　　　　　　开票人：　　　　　　　收款人：

国税

河南省郑州市工业专用发票

全国统一发票监制章 豫郑州市 国家税务局监制

发票联

发票代码：4101001011

豫国字 No. 9288118

客户名称：　　　　　　　　　　　　　　　　　　年　　月　　日

货　号	品名规格	单　位	数　量	单　价								备　　注
					万	千	百	十	元	角	分	
												如果发现发票违章，请到国税机关举报或拨打举报电话：91591。举报有奖
合计人民币(大写)　万　仟　佰　拾　元　角　分　¥												

②发票联

单位：(盖章)　　　　　　　开票人：　　　　　　　收款人：

出 库 单

领物部门：　　　　　　　　年　　月　　日　　　　　　　　No.

编号	物品名称	规格	应发数量	实发数量	单价	金额									备注
						百	十	万	千	百	十	元	角	分	

第二联　送会计部门

厂长：　　　　　会计主管：　　　　　保管人：　　　　　领物人：

出 库 单

领物部门：　　　　　　　　年　　月　　日　　　　　　　　No.

编号	物品名称	规格	应发数量	实发数量	单价	金额									备注
						百	十	万	千	百	十	元	角	分	

第二联　送会计部门

厂长：　　　　　会计主管：　　　　　保管人：　　　　　领物人：

(19×882公分) 48开

中国工商银行进账单(受理回单)　　1

年　月　日　　　　第　号

付款人	全　称		收款人	全　称	
	账　号			账　号	
	开户银行			开户银行	

	亿	千	百	十	万	千	百	十	元	角	分
人民币 (大写)											

票据种类		
票据张数		
单位主管　会计　复核　记账		收款人开户银行

此联是收款人开户银行交给收款人的收账通知

(19×882公分) 48开

中国工商银行进账单(受理回单)　　1

年　月　日　　　　第　号

付款人	全　称		收款人	全　称	
	账　号			账　号	
	开户银行			开户银行	

	亿	千	百	十	万	千	百	十	元	角	分
人民币 (大写)											

票据种类		
票据张数		
单位主管　会计　复核　记账		收款人开户银行

此联是收款人开户银行交给收款人的收账通知

借　据

年　月　日　　　　第　号

<table>
<tr><td>借款单位</td><td colspan="3"></td><td colspan="8">金　额</td></tr>
<tr><td rowspan="2">人民币
（大写）</td><td rowspan="2" colspan="3"></td><td>十</td><td>万</td><td>千</td><td>百</td><td>十</td><td>元</td><td>角</td><td>分</td></tr>
<tr><td></td><td></td><td></td><td></td><td></td><td></td><td></td><td></td></tr>
<tr><td>借款事由</td><td colspan="11"></td></tr>
<tr><td>主管领导</td><td>财务负责人</td><td>借款单位负责人</td><td colspan="9">借　款　人</td></tr>
<tr><td></td><td></td><td></td><td colspan="9"></td></tr>
</table>

②记账

借　据

年　月　日　　　　第　号

<table>
<tr><td>借款单位</td><td colspan="3"></td><td colspan="8">金　额</td></tr>
<tr><td rowspan="2">人民币
（大写）</td><td rowspan="2" colspan="3"></td><td>十</td><td>万</td><td>千</td><td>百</td><td>十</td><td>元</td><td>角</td><td>分</td></tr>
<tr><td></td><td></td><td></td><td></td><td></td><td></td><td></td><td></td></tr>
<tr><td>借款事由</td><td colspan="11"></td></tr>
<tr><td>主管领导</td><td>财务负责人</td><td>借款单位负责人</td><td colspan="9">借　款　人</td></tr>
<tr><td></td><td></td><td></td><td colspan="9"></td></tr>
</table>

②记账

国税

河南省郑州市工业专用发票

全国统一发票监制章 豫郑州市 国家税务局监制

发票联

发票代码：4101001011

豫国字 No. 9288119

客户名称： 年 月 日

货 号	品名规格	单 位	数 量	单 价	金 额							备 注
					万	千	百	十	元	角	分	
												如果发现发票违章，请到国税机关举报或拨打举报电话：91591。举报有奖
合计人民币(大写) 万 仟 佰 拾 元 角 分 ¥												

②发票联

单位：(盖章) 开票人： 收款人：

国税

河南省郑州市工业专用发票

全国统一发票监制章 豫郑州市 国家税务局监制

发票联

发票代码：4101001011

豫国字 No. 9288119

客户名称： 年 月 日

货 号	品名规格	单 位	数 量	单 价	金 额							备 注
					万	千	百	十	元	角	分	
												如果发现发票违章，请到国税机关举报或拨打举报电话：91591。举报有奖
合计人民币(大写) 万 仟 佰 拾 元 角 分 ¥												

②发票联

单位：(盖章) 开票人： 收款人：

出 库 单

领物部门：　　　　　　年　　月　　日　　　　　　No.

编号	物品名称	规格	应发数量	实发数量	单价	金额									备注
						百	十	万	千	百	十	元	角	分	

第二联　送会计部门

厂长：　　　　会计主管：　　　　保管人：　　　　领物人：

出 库 单

领物部门：　　　　　　年　　月　　日　　　　　　No.

编号	物品名称	规格	应发数量	实发数量	单价	金额									备注
						百	十	万	千	百	十	元	角	分	

第二联　送会计部门

厂长：　　　　会计主管：　　　　保管人：　　　　领物人：

中国工商银行现金交款单（回　单）

年　月　日　　　　对方科目：

收款单位	全称			款项来源	
	账号		开户银行	交款单位	

人民币（大写）	百	十	万	千	百	十	元	角	分

票面	壹佰元	伍拾元	贰拾元	拾元	伍元	贰元	壹元	伍角	贰角	壹角	伍分	贰分	壹分	合计金额	
把（百张）数															（银行盖章）
叠（二十）数															收款
零张数															复核
合计金额															年　月　日

第一联　由银行盖章后退回单位

中国工商银行现金交款单（回　单）

年　月　日　　　　对方科目：

收款单位	全称			款项来源	
	账号		开户银行	交款单位	

人民币（大写）	百	十	万	千	百	十	元	角	分

票面	壹佰元	伍拾元	贰拾元	拾元	伍元	贰元	壹元	伍角	贰角	壹角	伍分	贰分	壹分	合计金额	
把（百张）数															（银行盖章）
叠（二十）数															收款
零张数															复核
合计金额															年　月　日

第一联　由银行盖章后退回单位

中国工商银行
现金支票存根(豫)

VV09652731

科　　目__________

对方科目__________

出票日期：　年　月　日

收款人：
金　额：
用　途：

单位主管　　　会计

本支票付款期限十天

中国工商银行 现金支票

(豫)河南　VV09652731

出票日期(大写)　　　年　　月　　日　　　付款行名称：

收款人：　　　　　　　　　　　　　　　　出票人账号：

人民币(大写)	千	百	十	万	千	百	十	元	角	分

支付密码

用途__________

科目(借)

上列款项请从

对方科目(贷)

我账户内支付

付讫日期　　年　　月　　日

出票人签章

花支纬三分
无密码无效

出纳　　　　　记账

贴对号单处　　VV09652731

中国工商银行
现金支票存根(豫)

VV09652731

科　　目__________

对方科目__________

出票日期：　年　月　日

收款人：
金　额：
用　途：

单位主管　　　会计

本支票付款期限十天

中国工商银行 现金支票

(豫)河南　VV09652731

出票日期(大写)　　　年　　月　　日　　　付款行名称：

收款人：　　　　　　　　　　　　　　　　出票人账号：

人民币(大写)	千	百	十	万	千	百	十	元	角	分

支付密码

用途__________

科目(借)

上列款项请从

对方科目(贷)

我账户内支付

付讫日期　　年　　月　　日

出票人签章

花支纬三分
无密码无效

出纳　　　　　记账

贴对号单处　　VV09652731

附录4　综合实验部分凭证

本附录包括综合实验中求知图书设备厂 2010 年 12 月经济业务所涉及的原始凭证，编制会计报表所需的资产负债表、利润表等，包括已填制的和需要计算填制的，基本上是按业务发生的先后顺序进行排列。只是由于日常核算并不能随时计算出产品成本的原因，故将所有“出库单”列在 12 月 31 日的资料里，月末当产品成本全部计算完毕后，作为结转销售成本的原始凭证提供，同样考虑实验者的情况，资产负债表、利润表给出了双份的空白报表。

河南增值税专用发票

4100032140　　　　　　　　　　　　　　　　　　No. 01461193

（印章：全国统一发票监制章　河南　国家税务总局监制）　记账联

开票日期：2010 年 12 月 1 日

购货单位	
名　　称	省图书馆
纳税人识别号	410102760214781
地 址、电 话	农业路 52 号、0371-63234567
开户行及账号	建行农支　6012100500037

密码区：

960548>*/—/</>87741

73—+11/95895107+34+

//—275+6*94>4+6310052

*4259>—>>2/4>>4/>>>0

加密版本：01

410003140

01461193

货物或应税劳务名称	规格型号	单　位	数　量	单　价	金　额	税率	税　额
钢制书架	CNN-1	套	2 500	600	1 500 000	17%	255 000
合　　计					1 500 000		255 000
价税合计（大写）	⊗壹佰柒拾伍万伍仟元整				（小写）¥1 755 000.00		

销货单位	
名　　称	求知图书设备厂
纳税人识别号	410104742545911
地 址、电 话	青年路 2 号、0371-68975455
开户行及账号	工行航支　6018001056208

备注：（印章：河南求知图书设备厂　发票专用章　税号：410104742545911）

收款人：李　均　　复核：吴　强　　开票人：金海龙　　销货单位：（章）

第四联　记账联　销货方记账凭证

国税函[2002]974 号西安印钞厂

中国工商银行 进账单

2010年12月1日

收款单位						
收款单位	全称	求知图书设备厂			款项来源	售货
	账号	6018001056208	开户银行	工行航支	付款单位	省图书馆

人民币(大写)：壹佰柒拾伍万伍仟元整	百	十	万	千	百	十	元	角	分
	1	7	5	5	0	0	0	0	0

收款员	赵 红	复核员	张 钢	备 注	

领 料 单

领料单位：车间

生产通知单号：001　　2010年12月2日　　No. 71201

领料用途 制造书架			制造数量			制品名称 CNN-1型书架										
编号	材料名称	规格	请领数量	实发数量	单位	单价	金额									备注
							百	十	万	千	百	十	元	角	分	
001	钢板	1.22	50	50	吨	3 500		1	7	5	0	0	0	0	0	
附单据			张	合计			¥	1	7	5	0	0	0	0	0	

第二联 送会计部门

主管：　　会计：　　记账：李娜　　发料：王伟　　领料：王海　　制单：周涛

湖北增值税专用发票

4200032140　　　　　　　　　　　　　　　　　　　　　　　　No. 45691158

发票联

开票日期：2010 年 12 月 3 日

购货单位	名　　称：求知图书设备厂 纳税人识别号：410104742545911 地 址、电 话：大学路 2 号、0371-68975455 开户行及账号：工行航支　6018001056208	密码区	*%6546、/ *73－+11/95895107+34*+ //－275+6*94>4+6310052 *4259>－>>2/4>>4/>>>0 加密版本：01 400003140 01461193

货物或应税劳务名称	规格型号	单位	数量	单价	金额	税率	税额
销售钢板	G	吨	100	3 000	300 000	17%	51 000
合　计					300 000		51 000
价税合计(大写)	⊗叁拾伍万壹仟元整				(小写)¥351 000.00		

销货单位	名　　称：武汉钢铁厂 纳税人识别号：4201013000018894 地 址、电 话：汉口 155 号、027-54565464 开户行及账号：建行汉支　4013215698747	备注	湖北武汉钢铁厂 发票专用章 税号：4201013000018894

收款人：桑忠成　　复核：姜　海　　开票人：梁　燕　　销货单位：(章)

第二联 发票联 购货方记账凭证

国税函[2002]974 号西安印钞厂

运 输 业 发 票

No. 565461

客户名称：求知图书设备厂　　　　　　　　　　　　　2010 年 12 月 3 日

货物名	起运地	目的地	数量	单价	金额 万	仟	佰	十	元	角	分
钢板	武汉	郑州	100	500	5	0	0	0	0	0	0
合　计	伍万元整				5	0	0	0	0	0	0

快通运输公司 发票专用章 税号：4101022221323142

中国工商银行转账支票存根

支票号码：200701

科　　目：银行存款

对方科目：

签发日期：2010.12.3

收 款 人：武汉钢厂

金　　额：351 000.00

用　　途：购料

备　　注：

单位主管：刘　阳　　会计：

复　　核：杨　强　　记账：李　均

中国工商银行转账支票存根

支票号码：200702

科　　目：银行存款

对方科目：

签发日期：2010.12.3

收 款 人：快通运输公司

金　　额：50 000.00

用　　途：付运费

备　　注：

单位主管：刘　阳　　会计：

复　　核：杨　强　　记账：李　均

收　料　单

2010年12月3日　　　　No. 71201

供应者：武汉钢厂						2010年12月1日收到										
编号	材料名称	规　格	送验数量	实收数量	单位	单　价	金额									备　注
							百	十	万	千	百	十	元	角	分	
001	钢板	1.22 mm	100	100	吨	3 500		3	5	0	0	0	0	0	0	
附单据		贰　张		合　计			¥	3	5	0	0	0	0	0	0	

第二联　送会计部门

主管：　　会计：　　经手人：郑　功　　复核：周　明　　验收：王　伟

中国工商银行现金支票存根

支票号码：200701

科　　目：银行存款

对方科目：现金

签发日期：2010.12.3

收 款 人：

金　　额：140 000.00

用　　途：发工资

备　　注：

单位主管：刘　阳　　会计：

复　　核：杨　强　　记账：李　均

工 资 结 算 单

2010 年 12 月 3 日　　　　11 月工资

部　　门	应　　发	实　　发	领取人签名	备　　注
生产车间	40 000	40 000	李　二	
厂　　部	100 000	100 000	王　三	
合　　计	140 000	140 000		

主管：（指导教师）　　会计：张　军　　制单：成　功

河南省税务局

增值税 专用缴款书

经济性质：全民

预算科目项：　　填发日期 2010 年 12 月 4 日　　隶属关系：

税务所属时期	收款单位	全　称	二七税务分局	缴款人或单位	全　称	求知图书设备厂		
		预算级次	中央		地　址	中原路 5 号	电话	68975455
		收款金库	中心支库		开户行	工行三支	账号	12345678

	税款名称	单位	数量（重量）	单位价格	计税总值或营业额	税率	入库税额 万	千	百	十	元	角	分
2010 年 11 月	增值税	元				17%	1	4	0	0	0	0	0
	金额总计：人民币（大写）壹万肆仟元整												

年月日	缴款单位（盖章）	税务机关（盖章）专管员（盖章）	上列款项已收妥并划转收款单位账户（收款银行盖章）2010 年 12 月 4 日	备注：

第一联　由银行收款盖章后退回缴款单位

河南省税务局

城乡维护建设税 专用缴款书

经济性质：全民

预算科目项：　　填发日期 2010 年 12 月 4 日　　隶属关系：

税务所属时期	收款单位	全　称	二七税务分局	缴款人或单位	全　称	求知图书设备厂		
		预算级次	区级		地　址	中原路 5 号	电话	68975455
		收款金库	中心支库		开户行	工行三支	账号	12345678

	税款名称	单位	数量（重量）	单位价格	计税总值或营业额	税率	入库税额 万	千	百	十	元	角	分
2010 年 11 月	城建税	元				7%			9	8	0	0	0
	金额总计：人民币（大写）玖佰捌拾元整							¥	9	8	0	0	0

年月日	缴款单位（盖章）	税务机关（盖章）专管员（盖章）	上列款项已收妥并划转收款单位账户（收款银行盖章）2010 年 12 月 4 日	备注：

第一联　由银行收款盖章后退回缴款单位

河南省税务局

教育费附加 专用缴款书

经济性质：全民

预算科目项：　　填发日期 2010 年 12 月 4 日　　隶属关系：

税务所属时期	收款单位	全　称	二七税务分局	缴款人或单位	全　称	求知图书设备厂		
		预算级次	区级		地　址	中原路 5 号	电话	68975455
		收款金库	中心支库		开户行	工行三支	账号	12345678

税款名称	单位	数量（重量）	单位价格	计税总值或营业额	税率	入库税额 万	千	百	十	元	角	分
2010 年 11 月 教育费附加	元				3%			4	2	0	0	0
金额总计：人民币（大写）肆佰贰拾元整							￥	4	2	0	0	0

年月日	缴款单位（盖章）	税务机关（盖章）专管员（盖章）	上列款项已收妥并划转收款单位账户（收款银行盖章）2010 年 12 月 4 日	备注：

第一联　由银行收款盖章后退回缴款单位

中国工商银行转账支票存根

支票号码：200703

科　　目：银行存款

对方科目：

签发日期：2010.12.5

收 款 人：二七税务局

金　　额：15 400.00

用　　途：交纳税款

备　　注：

单位主管：刘　阳　　会计：

复　　核：杨　强　　记账：李　均

中国工商银行现金支票存根

支票号码：200702

科　　目：银行存款

对方科目：现金

签发日期：2010.12.5

收 款 人：

金　　额：10 000.00

用　　途：备用

备　　注：

单位主管：刘　阳　　会计：

复　　核：杨　强　　记账：李　均

借　据

2010 年 12 月 6 日　　　　第 789 号

借款单位	采购部			金　额						
人民币(大写)：伍仟元整				万	千	百	十	元	角	分
					5	0	0	0	0	0
借款事由：公出										
领导批示	财务负责人	借款单位负责人	借　款　人							
刘　阳	(指导教师)	王　二	杨　珍							

河南增值税专用发票

4100032140　　　　　　　　No. 54789875

发票联

开票日期：2010 年 12 月 7 日

购货单位	名　称：求知图书设备厂 纳税人识别号：410104742545911 地 址、电 话：大学路 2 号、0371-68975455 开户行及账号：工行航支　6018001056208			密码区	*73-+54477865*+-/98 //-275+6*94>4+6310052 *4259>->>2/4>>4/>>>0	加密版本：01 400003140 01461193	
货物或应税劳务名称	规格型号	单　位	数　量	单　价	金　额	税率	税　额
螺钉、螺帽	PUTONG	千克	2 500	20	50 000	17%	8 500
合　计					50 000		8 500
价税合计(大写)	⊗伍万捌仟伍佰元整　　(小写)￥58 500.00						
销货单位	名　称：安阳钢铁厂 纳税人识别号：4101456865432189 地 址、电 话：文峰立交桥、0372-2544586 开户行及账号：农行三支　41013715454789313289			备注	安阳钢铁厂 发票专用章 税号：4101456865432189		

收款人：丁　杰　　复核：成明智　　开票人：路　遥　　销货单位：(章)

国税函[2002]974 号西安印钞厂

第二联　发票联　购货方记账凭证

中国工商银行转账支票存根

支票号码：200704

科　　目：银行存款

对方科目：

签发日期：2010.12.7

收 款 人：安阳钢铁

金　　额：58 500.00

用　　途：买材料

备　　注：

单位主管：刘　阳　　会计：

复　　核：杨　强　　记账：李　均

收　料　单

2010 年 12 月 7 日　　　　No. 71202

供应者：安阳钢厂						2007 年 12 月 7 日收到											
编号	材料名称	规　格	送验数量	实收数量	单位	单　价	金额									备　注
							百	十	万	千	百	十	元	角	分	
002	螺钉、螺帽	HY10	2 500	2 500	千克	20			5	0	0	0	0	0	0	
附单据		张	合　计					¥	5	0	0	0	0	0	0	

第二联　送会计部门

主管：　　　会计：　　　经手人：郑　功　　　复核：周　明　　　验收：王　伟

上海增值税专用发票

3101137633　　　　发票联　　　　No. 14589875

开票日期：2010年12月8日

购货单位	名　　称：求知图书设备厂 纳税人识别号：410104742545911 地 址、电 话：大学路2号、0371-68975455 开户行及账号：工行航支　6018001056208	密码区	5456>>9/45＊－＋ ＊73－＋11/95895107＋34＊＋ //－275＋6＊94>4＋6310052 ＊4259>－>>2/4>>4/>>>0 加密版本：01 400003140 01461193

货物或应税劳务名称	规格型号	单　位	数　量	单　价	金　额	税率	税　额
液压折弯机	PU-Y	台	1	120 000	120 000	17%	20 400
合　计					120 000		20 400
价税合计(大写)	⊗壹拾肆万零肆佰元整				(小写)¥140 400.00		

销货单位	名　　称：上海机械厂 纳税人识别号：310113763304640 地 址、电 话：富锦路181号、021-56647936 开户行及账号：建行月浦支行　543101040013849	备注	上海机械厂 发票专用章 税号：310113763304640

收款人：刘照雨　　复核：张霞丹　　开票人：白　奇　　销货单位：(章)

国税函［2002］974号西安印钞厂

第二联　发票联　购货方记账凭证

固定资产交接单

2010年12月8日

固定资产名称	规格型号	单　位	数　量	预计使用年限	实际或重置价值	已提折旧	备　注
液压折弯机	WC67Y	台	1	10	141 400.00		购入全新机器

中国工商银行转账支票存根

支票号码：200706

科　　目：银行存款

对方科目：

签发日期：2010. 12. 8

收 款 人：快通运输公司

金　　额：1 000.00

用　　途：运输费

备　　注：

单位主管：刘　阳　　会计：

复　　核：杨　强　　记账：李　均

中国工商银行转账支票存根

支票号码：200705

科　　目：银行存款

对方科目：

签发日期：2010. 12. 8

收 款 人：上海机械厂

金　　额：140 400.00

用　　途：买设备

备　　注：

单位主管：刘　阳　　会计：

复　　核：杨　强　　记账：李　均

运 输 业 发 票

No. 544663

客户名称：求知图书设备厂　　　　2010 年 12 月 8 日

货物名	起运地	目的地	数量	单价	金额						
					万	仟	佰	十	元	角	分
液压折弯机	上海	郑州	1	1 000		1	0	0	0	0	0
合计	壹仟元整					1	0	0	0	0	0

快通运输公司 发票专用章

单位：（盖章）　税号：4101022221323142　　开票人：乔　君　　收款人：王丽娜

河南省郑州市商业发票

发　票　联

客户名称：求知图书设备厂　　　　2010年12月9日

货号	品名规格	单位	数量	单价	金额					
					千	百	十	元	角	分
X-12	信纸	本	100	2.00		2	0	0	0	0
B-05	签字笔	支	50	4.00		2	0	0	0	0
M-02	蓝黑墨水	瓶	40	2.50		1	0	0	0	0
合计人民币(大写)⊗仟伍佰零拾零元零角零分				¥500.00						

蓝天百货 发票专用章 税号：410103321445112

单位：(盖章)　　　开票人：李　建　　　收款人：张　仁

中国工商银行 进账单

2010年12月11日

收款单位	全称	求知图书设备厂			款项来源	接受投资								
	账号	6018001056208	开户银行	工行航支	缴款单位	光华公司								
人民币(大写)：壹拾万元整						百	十	万	千	百	十	元	角	分
						¥	1	0	0	0	0	0	0	0
收款员	赵　红	复核员	张　钢	备　注										

4100032140

河南增值税专用发票

全国统一发票监制章 河南 国家税务总局监制

发票联

No. 01461194

开票日期：2010 年 12 月 13 日

国税函[2002]974 号西安印钞厂

购货单位	名　　称：省科技大学 纳税人识别号：410105412123621 地 址、电 话：文化路 47 号、0371-63654321 开户行及账号：建行文支　6012132545687	密码区	/</>877411145221 *65456895107+34*+ //-27554232165542 *4259>->>2/4>>4/>>>0 加密版本：01 410003140 01461193

货物或应税劳务名称	规格型号	单　位	数　量	单　价	金　额	税率	税　额
钢制书架	CNN-1	套	500	600	300 000	17%	51 000
合　　计					300 000		51 000
价税合计(大写)	⊗叁拾伍万壹仟元整				(小写)¥351 000.00		

销货单位	名　　称：求知图书设备厂 纳税人识别号：410104742545911 地 址、电 话：大学路 2 号、0371-68975455 开户行及账号：工行航支　6018001056208	备注	河南求知图书设备厂 发票专用章 税号：410104742545911

收款人：李　均　　复核：吴　强　　开票人：金海龙　　销货单位：(章)

第四联　记账联　销货方记账凭证

中国工商银行 进账单

2010 年 12 月 13 日

收款单位	全　称	求知图书设备厂			款项来源	销售商品							
	账　号	6018001056208	开户银行	工行航支	缴款单位	省科技大学							
人民币(大写)：叁拾伍万壹仟元整					百	十	万	千	百	十	元	角	分
					¥	3	5	1	0	0	0	0	0
收款员	赵　红	复核员	张　钢	备　注									

领　料　单

领料部门：车间

生产通知单号：002　　　　2010 年 12 月 14 日　　　　No. 71202

领料用途 制造书架			制造数量			制品名称 CNN-1 型书架											
编号	材料名称	规　格	请领数量	实发数量	单位	单　价	金　额									备　注	第二联 送会计部门
							百	十	万	千	百	十	元	角	分		
002	油漆		90	90	千克	15				1	3	5	0	0	0		
003	稀释剂		15	15	千克	10					1	5	0	0	0		
附单据			张	合　计					¥	1	5	0	0	0	0		

主管：　　会计：　　记账：李娜　　发料：王伟　　领料：王海　　制单：周涛

工商银行(短期贷款)借款凭证(回单)　④

日期：2010 年 12 月 15 日　　　　银行编号：00-038

名　称	求知图书设备厂	借款单位	名　称	求知图书设备厂	
往来账户	6018001056208		放款账户	6018001056208	
开户银行	工行航支		开户银行	工行航支	
还款期限	3 个月	利率	1.2%	起息日期	2010.12.15

			千	百	十	万	千	百	十	元	角	分
申请金额	人民币(大写) 壹拾万元整			¥	1	0	0	0	0	0	0	0
借款原因 用　途	周转贷款	银行核定金额		¥	1	0	0	0	0	0	0	0

备注：	期　限	计划还款日期	计划还款金额

上述借款业已同意贷给并转入你单位往来账户，借款到期时应按期归还。　此致

借款单位

(银行盖章)　　　　2007 年 12 月 15 日

河南省郑州市服务业发票

客户名称：求知图书设备厂　　　　　　　　　　2010年12月16日

货号	品名规格	单位	数量	单价	金额					
					千	百	十	元	角	分
	广告设计费				2	0	0	0	0	0
合计人民币(大写) 贰仟零佰零拾零元零角零分				¥2 000.00						

中国工商银行转账支票存根

支票号码：200707

科　　目：银行存款

对方科目：

签发日期：2010.12.16

收 款 人：未来广告公司

金　　额：2 000.00

用　　途：广告费

备　　注：

单位主管：刘　阳　　会计：

复　　核：杨　强　　记账：李　均

差旅费报销单

单位：采购部　　　　2010 年 12 月 17 日

出发地		到达地		公出补助			车船飞机费	卧铺	宿费	市内车费	邮电费	其他	合计金额
时间	地点	时间	地点	天数	标准	金额							
12.6	郑州	12.6	成都	2	20	40	800		200	50			1 090
12.8	成都	12.8	上海	2	20	40	1 100		400	60	300		1 900
12.11	上海	12.11	南昌	3	20	40	1 050		400	100	120	200	1 910
12.13	南昌	12.14	武汉	1	20	20		140	100	40			300
12.15	武汉	12.16	郑州	1	20	20		120	60	60	40		300
合计人民币(大写)：伍仟伍百元整													¥5 500.00
备　注	公出事由：联系客户												

单位领导：刘　阳　　财务主管：(指导教师)　　公出人姓名：杨　珍　审核：万　河

领　料　单

领料部门：车间

生产通知单号：004　　　　2010 年 12 月 18 日　　　　No. 71203

领料用途 制造书架			制造数量			制品名称 CNN-1 型书架										
编号	材料名称	规格	请领数量	实发数量	单位	单价	金额									备注
							百	十	万	千	百	十	元	角	分	
004	螺钉、螺帽		100	100	千克	20				2	0	0	0	0	0	
附单据			张	合　计					¥	2	0	0	0	0	0	

第二联 送会计部门

主管：　　会计：　　记账：李娜　　发料：王伟　　领料：王海　　制单：周涛

河南省郑州市服务业发票

客户名称：求知图书设备厂　　　　　　　　　　2010年12月20日

服务名称	单位	数量	单价	金额							
				十	万	千	百	十	元	角	分
餐费				1	0	0	0	0	0	0	0
合计人民币(大写)：壹拾零万零仟零佰零拾零元零角零分　¥100 000.00											

聚仙阁酒店 发票专用章 税号：410109988775879

开票人：张　鹍　　　　　　　　　　收款人：李　香

中国工商银行转账支票存根

支票号码：200708

科　　目：银行存款

对方科目：

签发日期：2010.12.20

收 款 人：聚仙阁酒店

金　　额：100 000.00

用　　途：餐费

备　　注：

单位主管：刘　阳　　会计：

复　　核：杨　强　　记账：李　均

河南增值税专用发票

4100032140 发票联 No. 01461195

开票日期：2010年12月22日

购货单位	名　　称：农业技术学校 纳税人识别号：410109998521452 地址、电话：中原路14号、0371-66744567 开户行及账号：建行市支　6012541254785	密码区	5441223369874+++=/ *73-+11/95895107+34*+ //-275+6*94>4+6310052 *4259>->>2/4>>4/>>>0 加密版本：01 400003140 01461193

货物或应税劳务名称	规格型号	单　位	数　量	单　价	金　额	税率	税　额
钢制书架	CNN-1	套	500	600	300 000	17%	51 000
合　计					300 000		51 000
价税合计(大写)	⊗叁拾伍万壹仟元整				(小写)￥351 000.00		

销货单位	名　　称：求知图书设备厂 纳税人识别号：410104742545911 地址、电话：大学路2号、0371-68975455 开户行及账号：工行航支　6018001056208	备注	河南求知图书设备厂 发票专用章 税号：410104742545911

收款人：李　均　　复核：吴　强　　开票人：金海龙　　销货单位：(章)

国税函[2002]974号西安印钞厂

第四联　记账联　销货方记账凭证

中国工商银行 进账单

2010年12月22日

收款单位	全　称	求知图书设备厂			款项来源	销售书架						
	账　号	6018001056208	开户银行	工行航支	缴款单位	农业技术学校						
人民币(大写)：叁拾伍万壹仟元整					百	十	万	千	百	十	元	角	分
					￥	3	5	1	0	0	0	0	0
收款员	赵　红	复核员	张　钢	备　注								

领　料　单

领料部门：车间

生产通知单号：005　　　　2010 年 12 月 23 日　　　　No. 71204

领料用途 车间耗用			制造数量			制品名称										
编号	材料名称	规　格	请领数量	实发数量	单位	单　价	金　额									备　注
							百	十	万	千	百	十	元	角	分	
005	螺钉、螺帽		100	100	千克	20				2	0	0	0	0	0	
006	稀释剂		8	8	千克	10						8	0	0	0	
附单据			张	合　计					¥	2	0	8	0	0	0	

第二联　送会计部门

主管：　　会计：　　记账：李娜　　发料：王伟　　领料：王海　　制单：周涛

决　定　书

经本公司董事会决议，一致通过以盈余公积 100 000 元，转增投资者资本。

人民币大写：壹拾万元整。

董事长：刘　阳

2007 年 12 月 24 日

入　库　单

生产部门：加工车间　　　　2010 年 12 月 30 日　　　　No. 71201

编号	物品名称	规　格	送验数量	实收数量	单位	计划单价	金　额									备　注
							百	十	万	千	百	十	元	角	分	
001	藏书架	CNN-1	480	480	个											

第二联　送会计部门

厂长：刘　阳　　会计主管：（指导教师）　　验收：王　伟　　交库人：王　海

河南增值税专用发票

发票联

4100032140　　No. 54785412

（印章：河南 票 国家税务总局监制）

开票日期：2010 年 12 月 30 日

购货单位	名　　称：求知图书设备厂 纳税人识别号：410104742545911 地 址、电 话：大学路 2 号、0371-68975455 开户行及账号：工行航支　6018001056208				密码区	>>/|9874/456265++ *73-+54477865*+-/98 //-275+6*94>4+6310052 *42594>>4/>>>0		加密版本：01 400003140 01461193
货物或应税劳务名称	规格型号	单　位	数　量	单　价	金　额	税率	税　额	
工业用电		度	4 800	0.5	2 400	17%	408	
合　计					2 400		408	
价税合计(大写)	⊗贰仟捌佰零捌元整				(小写)￥2 808.00			
销货单位	名　　称：西区供电局 纳税人识别号：4101453214125892 地 址、电 话：中原路 45 号、0371-66914586 开户行及账号：工行三支　41013715421456321547				备注			

（印章：郑州市西区供电局 发票专用章 税号：4101453214125892）

收款人：卢　强　　复核：成　月　　开票人：姚　科　　销货单位：(章)

国税函[2002]974 号西安印钞厂

第二联　发票联　购货方记账凭证

中国工商银行转账支票存根

支票号码：200709

科　　目：银行存款

对方科目：

签发日期：2010. 12. 30

收 款 人：西区供电局

金　　额：2 808.00

用　　途：电费

备　　注：

单位主管：刘　阳　　会计：

复　　核：杨　强　　记账：李　均

河南增值税专用发票

4100032140　　　　　　　　No. 01461196

发票联

开票日期：2010年12月30日

购货单位	名　　称：省师范大学 纳税人识别号：4101033212245887 地 址、电 话：金水路557号、0371-63541236 开户行及账号：建行花支　6012254122256				密码区	5441223369874+++=/　加密版本：01 *73-+11/95895107+34*+　410003140 *4259>->>2/4>>4/>>>0　01461193		
货物或应税劳务名称	规格型号	单位	数量	单价	金额	税率	税额	
钢制书架	CNN-1	套	1 000	600	600 000	17%	102 000	
合计					600 000		102 000	
价税合计(大写)	⊗柒拾万零贰仟元整				(小写)¥702 000.00			
销货单位	名　　称：求知图书设备厂 纳税人识别号：410104742545911 地 址、电 话：大学路2号、0371-68975455 开户行及账号：工行航支　6018001056208				备注			

第四联　记账联　销货方记账凭证

国税函[2002]974号西安印钞厂

收款人：李　均　　复核：吴　强　　开票人：金海龙　　销货单位：(章)

(印章：全国统一发票监制章 河南 国家税务总局监制)

(印章：河南求知图书设备厂 发票专用章 税号：410104742545911)

中国工商银行 进账单

2010年12月30日

收款单位	全　称	求知图书设备厂			款项来源	销售书架							
	账　号	6018001056208	开户银行	工行航支	缴款单位	省师范大学							
人民币(大写)：柒拾万零贰仟元整					百	十	万	千	百	十	元	角	分
					¥	7	0	2	0	0	0	0	0
收款员	赵　红	复核员	张　钢	备　注									

工资结算汇总表

2010年12月31日　　　　单位：元

部　　门	生产工人工资	管理人员工资	合　　计
加工车间	60 000	8 000	68 000
厂　　部		72 000	72 000
合　　计	60 000	80 000	140 000

（注：此表为简化格式）

固定资产折旧计算表

项目 部门	月初应计提折旧的固定资产原值		月折旧率	月折旧额
加工车间	机器	538 922.00	1.67%	9 000
	房屋	1 964 285.00	0.56%	11 000
	合计	2 503 207.00		20 000
管理部门	机器	119 760.00	1.67%	2 000
	房屋	714 285.00	0.56%	4 000
	合计	834 045.00		6 000
合　　计		3 337 252.00		26 000

复核：　　　　制表：

完工产品成本计算单

2010年12月　　　　单位：元

成本项目	钢制书架	
	总成本	单位成本
直接材料		
直接人工		
制造费用		
生产成本		

附件　张

复核：　　　　制单：

出库单

领物部门：省图书馆　　　　2010年12月1日　　　　No. 71201

编号	物品名称	规格	应发数量	实发数量	单价	金额									备注
						百	十	万	千	百	十	元	角	分	
001	书架	CHH-1	2 500	2 500											

第二联　送会计部门

厂长：刘　阳　　会计主管：（指导教师）　　保管人：张　潮　　领物人：孙　易

出 库 单

领物部门：省电子科技大学　　2010年12月13日　　No. 71202

编号	物品名称	规格	应发数量	实发数量	单价	金额									备注
						百	十	万	千	百	十	元	角	分	
002	书架	CHH-1	500	500											

第二联　送会计部门

厂长：刘　阳　　会计主管：（指导教师）　　保管人：张　潮　　领物人：丁　言

出 库 单

领物部门：市农业技术学校　　2010年12月22日　　No. 71203

编号	物品名称	规格	应发数量	实发数量	单价	金额									备注
						百	十	万	千	百	十	元	角	分	
003	书架	CHH-1	500	500											

第二联　送会计部门

厂长：刘　阳　　会计主管：（指导教师）　　保管人：张　潮　　领物人：熊　星

出 库 单

领物部门：省师范大学　　2010年12月30日　　No. 71204

编号	物品名称	规格	应发数量	实发数量	单价	金额									备注
						百	十	万	千	百	十	元	角	分	
004	书架	CHH-1	1 000	1 000											

第二联　送会计部门

厂长：刘　阳　　会计主管：(指导教师)　　保管人：张　潮　　领物人：赵　耀

产品销售成本汇总计算表

2010年12月　　单位：元

产品名称	销售数量(个)	单位成本	总成本
合　计			

附件　张

复核：　　制表：

城市建设维护税及教育费附加草算表

2010年12月　　单位：元

计税依据	城市建设维护税		教育费附加	
	税率	金额	税率	金额
	7%		3%	
合　计				

复核：　　制表：

所得税全年汇算表

2010年12月31日　　　　单位：元

项　　目	金　　额
12月主营业务收入	
减：12月主营业务成本	
12月营业税金及附加	
12月销售费用	
12月财务费用	
12月管理费用	
加：12月营业外收入	
12月利润总额	
加：1～11月利润总额	400 000.00
全年利润总额	
全年应交所得税(25%)	
减：1～11月已交所得税	100 000.00
12月应补交所得税	

复核：　　　　制表：

收入、成本、费用资料表

2010年12月　　　　单位：元

账户名称	结账前余额	
	借方	贷方
主营业务收入		
主营业务成本		
销售费用		
营业税金及附加		
财务费用		
管理费用		
营业外收入		
所得税费用		

复核：　　　　制表：

利润分配草算表

2010年度　　　　单位：元

项　　目	计　　算	金　　额
全年利润总额		
减：所得税费用		
全年净利润		
减：提取盈余公积	全年净利润×10%	
应付利润		

复核：　　　　制表：

本年利润结转资料表

2010年12月31日　　　　单位：元

应借科目	应贷科目	金　　额
本年利润		
	利润分配——未分配利润	

复核：　　　　制表：

利润分配结转资料表

2010年12月31日　　　　单位：元

应借科目	应贷科目	金　　额
利润分配——未分配利润		
	利润分配——提取盈余公积	
	利润分配——应付利润	

复核：　　　　制表：

资产负债表(正表)

会企 01 表

编制单位：　　　　　　＿＿＿年＿＿＿月＿＿＿日　　　　　　单位：元

资　　　产	期末余额	年初余额	负债和所有者权益(或股东权益)	期末余额	年初余额
流动资产：			流动负债：		
货币资金			短期借款		
交易性金融资产			交易性金融负债		
应收票据			应付票据		
应收账款			应付账款		
预付账款			预收账款		
应收利息			应付职工薪酬		
应收股利			应交税费		
其他应收款			应付利息		
存货			应付股利		
一年内到期非流动资产			其他应付款		
其他流动资产			一年内到期的非流动负债		
流动资产合计			其他流动负债		
非流动资产：			流动负债合计		
可供出售金融资产			非流动负债：		
持有至到期投资			长期借款		
长期应收款			应付债券		

资产负债表(续表)

会企 01 表

编制单位：　　　　______年______月______日　　　　单位：元

资　　产	期末余额	年初余额	负债和所有者权益(或股东权益)	期末余额	年初余额
长期股权投资			长期应付款		
投资性房地产			专项应付款		
固定资产			预计负债		
在建工程			递延所得税负债		
工程物资			其他非流动负债		
固定资产清理			非流动负债合计		
生产性生物资产			负债合计		
油气资产			所有者权益(或股东权益)：		
无形资产			实收资本(或股本)		
开发支出			资本公积		
商誉			减：库藏股		
长期待摊费用			盈余公积		
递延所得税资产			未分配利润		
其他非流动资产			所有者权益(或股东权益)合计		
非流动资产合计					
资　产　总　计			负债和所有者权益(或股东权益)总计		

资产负债表(正表)

会企 01 表

编制单位：　　　　　　　＿＿＿＿年＿＿＿＿月＿＿＿＿日　　　　　　　单位：元

资　　产	期末余额	年初余额	负债和所有者权益(或股东权益)	期末余额	年初余额
流动资产：			流动负债：		
货币资金			短期借款		
交易性金融资产			交易性金融负债		
应收票据			应付票据		
应收账款			应付账款		
预付账款			预收账款		
应收利息			应付职工薪酬		
应收股利			应交税费		
其他应收款			应付利息		
存货			应付股利		
一年内到期非流动资产			其他应付款		
其他流动资产			一年内到期的非流动负债		
流动资产合计			其他流动负债		
非流动资产：			流动负债合计		
可供出售金融资产			非流动负债：		
持有至到期投资			长期借款		
长期应收款			应付债券		

资产负债表(续表)

会企 01 表

编制单位：　　　　　　____年____月____日　　　　　　单位：元

资　　产	期末余额	年初余额	负债和所有者权益(或股东权益)	期末余额	年初余额
长期股权投资			长期应付款		
投资性房地产			专项应付款		
固定资产			预计负债		
在建工程			递延所得税负债		
工程物资			其他非流动负债		
固定资产清理			非流动负债合计		
生产性生物资产			负债合计		
油气资产			所有者权益(或股东权益)：		
无形资产			实收资本(或股本)		
开发支出			资本公积		
商誉			减：库藏股		
长期待摊费用			盈余公积		
递延所得税资产			未分配利润		
其他非流动资产			所有者权益(或股东权益)合计		
非流动资产合计					
资　产　总　计			负债和所有者权益(或股东权益)总计		

利　润　表

会企 02 表

编制单位：　　　　　　　　　　　　______年______月　　　　　　　　　　　　单位：元

项　　　　目	本期金额	上期金额
一、营业收入		
减：营业成本		
营业税金及附加		
销售费用		
管理费用		
财务费用		
资产减值损失		
加：公允价值变动收益(损失以“－”号填列)		
投资收益(亏损以“－”号填列)		
其中：对联营企业和合营企业的投资收益		
二、营业利润(亏损以“－”号填列)		
加：营业外收入		
减：营业外支出		
其中：非流动资产处置损失		
三、利润总额(亏损总额以“－”号填列)		
减：所得税费用		
四、净利润(净亏损以“－”号填列)		
五、每股收益		
(一) 基本每股收益		
(二) 稀释每股收益		

利 润 表

会企 02 表

编制单位：　　　　　　　　　　　　______年______月　　　　　　　　　　　单位：元

项　　　目	本期金额	上期金额
一、营业收入		
减：营业成本		
营业税金及附加		
销售费用		
管理费用		
财务费用		
资产减值损失		
加：公允价值变动收益(损失以“－”号填列)		
投资收益(亏损以“－”号填列)		
其中：对联营企业和合营企业的投资收益		
二、营业利润(亏损以“－”号填列)		
加：营业外收入		
减：营业外支出		
其中：非流动资产处置损失		
三、利润总额(亏损总额以“－”号填列)		
减：所得税费用		
四、净利润(净亏损以“－”号填列)		
五、每股收益		
(一) 基本每股收益		
(二) 稀释每股收益		

所有者权益变动表

会企04表

编制单位：　　　　　　　　＿＿＿＿年度　　　　　　　　单位：元

项目	本年金额						上年金额					
	实收资本（或股本）	资本公积	减:库存股	盈余公积	未分配利润	所有者权益合计	实收资本（或股本）	资本公积	减:库存股	盈余公积	未分配利润	所有者权益合计
一、上年年末余额												
加：会计政策变更												
前期差错更正												
二、本年年初余额												
三、本年增减变动金额(减少以“－”号填列)												
(一) 净利润												
(二) 直接计入所有者权益的利得和损失												
1. 可供出售金融资产公允价值变动净额												
2. 权益法下被投资单位其他所有者权益变动的影响												
3. 与计入所有者权益项目相关的所得税影响												
4. 其他												
上述(一)和(二)小计												
(三) 所有者投入和减少资本												
1. 所有者投入资本												
2. 股份支付计入所有者权益的金额												
3. 其他												
(四) 利润分配												
1. 提取盈余公积												
2. 对所有者(或股东)的分配												
(五) 所有者权益内部结转												
1. 资本公积转增资本(或股本)												
2. 盈余公积转增资本(或股本)												
3. 盈余公积弥补亏损												
4. 其他												
四、本年年末余额												

所有者权益变动表

会企04表

编制单位：　　　　　　　　　　　　________年度　　　　　　　　　　　　单位：元

项目	本年金额						上年金额					
	实收资本（或股本）	资本公积	减：库存股	盈余公积	未分配利润	所有者权益合计	实收资本（或股本）	资本公积	减：库存股	盈余公积	未分配利润	所有者权益合计
一、上年年末余额												
加：会计政策变更												
前期差错更正												
二、本年年初余额												
三、本年增减变动金额（减少以"－"号填列）												
（一）净利润												
（二）直接计入所有者权益的利得和损失												
1. 可供出售金融资产公允价值变动净额												
2. 权益法下被投资单位其他所有者权益变动的影响												
3. 与计入所有者权益项目相关的所得税影响												
4. 其他												
上述（一）和（二）小计												
（三）所有者投入和减少资本												
1. 所有者投入资本												
2. 股份支付计入所有者权益的金额												
3. 其他												
（四）利润分配												
1. 提取盈余公积												
2. 对所有者（或股东）的分配												
（五）所有者权益内部结转												
1. 资本公积转增资本（或股本）												
2. 盈余公积转增资本（或股本）												
3. 盈余公积弥补亏损												
4. 其他												
四、本年年末余额												

参 考 文 献

1. 李现宗，叶忠明．基础会计学[M]．北京：首都经济贸易大学出版社，中国农业大学出版社，2007.

2. 中华人民共和国财政部会计司，《会计基础工作规范培训教材》编写组编．会计基础工作规范培训教材[M]．北京：经济科学出版社，1998.

3. 郭惠云．基础会计实验教程[M]．北京：经济科学出版社，2001.

4. 刘衍平．会计实验操作技术规范教程[M]．北京：中国财政经济出版社，1996.

5. 王建成，朱启明，李乃恒．会计实验教学研究论文选[M]．北京：中国商业出版社，1999.

6. 中华人民共和国财政部．企业会计准则 2006[M]．北京：经济科学出版社，2006.

7. 中华人民共和国财政部．企业会计准则——应用指南[M]．北京：中国财政经济出版社，2006.

8. 中华人民共和国财政部、国家税务总局．中华人民共和国增值税暂行条例实施细则，2008.

立信新世纪财务丛书(杨华总主编)

书　　　名	作　者	定　价
基础会计教程(16开)	刘永立	30.40元
基础会计教程习题与解答(16开)	刘永立	23.50元
财务会计教程(16开)	宋文彦	37.00元
财务会计教程习题与解答(16开)	宋文彦	16.00元
成本会计教程(16开)	李　惠	34.50元
成本会计教程习题与解答(16开)	李　惠	23.00元
管理会计教程(16开)	秦洪珍	32.50元
银行会计教程(16开)	杨　华	35.50元
财务管理教程	安保荣	29.00元

社　　址：上海市中山西路2230号
邮政编码：200235
电　　话：直线(021)64388409、64388132
64698551、64683221
总机(021)64695050－226/215
网　　址：www.lixinaph.com
E-mail：faxing @ lixinaph.com
储运仓库：(021)64068533
传　　真：(021)64391885